COMPRADO
A PRECIO DE
SANGRE

COMPRADO
A PRECIO DE
SANGRE

Los inconmesurables
beneficios del
sacrificio de Cristo

Derek Prince

EDITORIAL
DESAFÍO

Comprado a precio de sangre. Una Cita con Dios, por Derek Prince

Publicado por Asociación Editorial Buena Semilla bajo su sello Editorial Desafío, Cra. 28A No. 64A-34, Bogotá, Colombia.

Copyright©2007, TodosDerechos Reservados de esta edición en español reservados por Asociación Editorial Buena Semilla

Publicado originalmente en inglés con el título «ATONEMENT. Your Appointment with God» por Derek Prince. Copyright©2000 por Derek Prince Ministries.

A no ser que sea indicado de otra forma, todos los pasajes bíblicos citados en este libro son da la versión Reina ValeraRevisada de 1960.

Los demás pasajes fueron tomados de las siguientes versiones: La Biblia de las Americas (BDLA) ® Foundation Publications Inc., Anaheim, CA, 1986. La Santa Biblia Nueva Versión Internacional (NVI)© Sociedad Bíblica Internacional, Editorial Vida, Miami, FL 33166-4665. 1999.

Todas las regalías que originen este libro se asignan a los Ministerios Derek Prince.

Traducido: *Pablo Barreto MD*

Edición: *Carlos R. Peña. B.*

ISBN 978-958-8285-48-1

Producto 601001

Impreso en Colombia

CONTENIDO

PARTE III
CINCO ASPECTOS DE LA LIBERACIÓN

PARTE IV
CÓMO APROPIARSE DE LO QUE DIOS PROVEYÓ

INTRODUCCIÓN

Estuve en cama por un poco más de un año en hospitales militares de Egipto, con una enfermedad que los médicos no me pudieron tratar efectivamente. Me encontraba en lo que John Bunyan, en *El Progreso del peregrino*, llamó: «el pantano del desaliento», el oscuro y tétrico valle de la desesperanza. Y no veía salida.

Luego, sin jamás haber buscado, recibí una visita de un trío extrañamente reunido: una señora de más o menos setenta años, con el título de Brigadier del Ejército de Salvación, un soldado de Nueva Zelanda y una joven estadounidense del estado de Oklahoma. La enfermera del hospital me dio permiso para salir al parqueadero y sentarme en el auto de ellos.

Mientras orábamos juntos en el automóvil, Dios manifestó su presencia de un modo dramático y sobrenatural. El vehículo estaba estacionado, el motor no se encontraba encendido, pero el poder de Dios comenzó a sacudir no solamente al auto sino a todos los cuatro que nos encontrábamos en el interior. A medida que la sacudida seguía, Dios habló a través de los labios de la joven de Oklahoma. Luego de declarar que era el Dios Todopoderoso, dio las siguientes palabras instructivas: «Considera la obra del Calvario; una obra perfecta, perfecta con respecto a todo, perfecta en todos sus aspectos».

Abandoné ese auto tan enfermo como cuando entré. Sin embargo, me di cuenta que Dios me dirigió a la fuente de la cual podía recibir su provisión absoluta y completa: «la obra del Calvario». Me fue posible comprender que esto describió el sacrificio de Jesucristo en la cruz.

A medida que meditaba sobre este tema y anduve en la dirección que el Señor me dio a través de su Palabra, recibí una sanidad completa, permanente y total.

Sin embargo, aquí sólo hubo la primera parte de las bendiciones que iba a recibir. Por casi sesenta años, desde esa época, he seguido las instrucciones que el Señor me dio en aquel auto que se sacudía de modo sobrenatural: «Considerar la obra del Calvario». Descubrí que Dios puso mis pies en el sendero que lleva a las «inescrutables riquezas de Cristo» y a «aclarar a todos cuál sea la dispensación del misterio escondido desde los siglos en Dios, que creó todas las cosas» (Efesios 3:8–9).

En este libro, comparto las asombrosas manifestaciones de la provisión de Dios, a través de la cruz de Cristo, para cualquier necesidad que pueda surgir en la vida de todo ser humano. La esencia de mi descubrimiento consiste en esto: en la cruz se dispuso un cambio divinamente ordenado, donde todo el mal debido a nuestra pecaminosidad cayó sobre Jesús, y nosotros recibimos todo el bien debido a su inmaculada justicia ahora disponible para todos.

El libro se divide en cuatro secciones principales:

La cruz en el centro

Los nueve cambios

Cinco aspectos de la liberación

Cómo apropiarse lo que Dios proveyó

Por favor, ¡únanse conmigo a medida que nos disponemos juntos con el objeto de emprender este maravilloso y sorprendente viaje!

Derek Prince

PARTE I

LA CRUZ EN EL CENTRO

Capítulo uno
UN SACRIFICIO
TODO-SUFICIENTE

Hay un solo término que corre a través de todo este libro: *expiación*. Esta palabra es comparativamente rara en nuestro idioma contemporáneo. De hecho, una enorme cantidad de personas que hablan castellano ni siquiera saben lo que significa. [Según el Diccionario de Uso del Español de María Moliner (Segunda edición, Editorial Gredos, Madrid, 1998), página 1256, «*expiación*» se refiere a la acción y efecto de «*expiar*» que, a su vez, significa «sufrir el castigo correspondiente a un delito o a una culpa, o las consecuencias penosas de una falta». (N. del T.)].

La voz inglesa para expiación es *atonement*.. Su significado comienza a aclararse si se divide la palabra en tres sílabas: *at-one-ment*, donde Dios y el pecador entran en una relación en la que están *a uno*. Un vocablo más utilizado hoy es *reconciliación*. Por medio de la cruz Dios y el pecador *se reconcilian* entre sí.

Hay una diferencia vitalmente importante entre el término traducido *expiación* en el hebreo del Antiguo Testamento y la voz que de éste se tradujo en el griego del Nuevo Testamento.

En hebreo «*kippur*» significa «cubrimiento». Para el pueblo judío el día de la Expiación es un día de *cubrimiento*. Gracias a los sacrificios de ese día, los pecados del pueblo quedaban *cubiertos*, pero apenas durante un año. Al año siguiente, por la misma fecha, había que *cubrir* los pecados de nuevo, una vez más. Los sacrificios ofrecidos este día no suministraban una solución permanente al problema del pecado, pues sólo el cubrimiento era temporal. En cada sucesivo día de la Expiación era necesario extender tal cubierta por un año más.

En el Nuevo Testamento, el cuadro de la expiación es enteramente distinto. Esto se ve con facilidad si se comparan dos pasajes de la Carta a los Hebreos, donde se trata a Jesús por encima de todos los demás textos como nuestro Sumo Sacerdote, con el sacrificio que hizo a favor nuestro.

Primero, Hebreos 10:3–4 se refiere a los sacrificios del Antiguo Testamento: «En estos sacrificios cada año se hace memoria de los pecados». De esta manera, lejos de quitarlos, se le recuerda al pueblo el problema del pecado. «Porque la sangre de los toros y de los machos cabríos no puede quitar los pecados». El punto central y básico aquí consiste en *quitar los pecados, borrarlos,* y no en apenas cubrirlos.

Por el contrario, en Hebreos 9:26, la Biblia se refiere a todo aquello que se cumplió mediante la muerte de Jesús, en contraste directo con los sacrificios del Antiguo Testamento. En la segunda mitad del versículo, al hablar del Señor, el escritor, con la inspiración del Espíritu Santo, dice: «(Cristo), en la consumación de los siglos, se presentó una vez para siempre por el sacrificio de sí mismo para quitar de en medio el pecado».

Por tanto, cuando Jesús vino y se ofreció como sacrificio en el Calvario, *quitó* el pecado. Este hecho se contrasta con las ofrendas del Antiguo Testamento, pues con éstas se recordaba al pueblo que el problema de las faltas no se trató de modo definitivo, pues únicamente se le proveyó una cubierta temporal que tan sólo era válida por un año.

Cuando Juan el Bautista vio a Jesús que se acercaba, dijo: «¡Miren, ese es el Cordero de Dios que quita el pecado del mundo!». Nótese de nuevo cómo difiere esto del Antiguo Testamento. *Jesús quitó el pecado.* Por tal motivo, para los que de todo corazón aceptan este sacrificio, ya no hay en el futuro ningún otro sacrificio posible por los pecados.

Qué dice la Biblia sobre el problema

Antes de llegar a ser predicador (¡y de esto hace muchísimo tiempo!), fui profesor de filosofía en la Universidad de Cambridge, en Inglaterra. Como filósofo, decidí un día estudiar la Biblia. Consideré que era mi deber filosófico hacerlo. Una vez que la leyera con todo interés y de pasta a pasta, sentí que estaría en una posición adecuada para emitir un autorizado concepto sobre ella. Pero, mientras la estudiaba, conocí al Señor de un modo dramático, poderoso y personal. A partir de ese momento hasta la actualidad, hay dos hechos de los que jamás he podido dudar: primero, que Jesús vive; y segundo, que la Biblia es un libro verdadero y cierto, digno de toda confianza y por completo actualizado.

Cuando llegué a apreciar la Biblia, entendí que todo cuanto ofrece no se halla en ninguna de las otras obras de la sabiduría o de las literaturas humanas. En particular, revela dos temas de trascendencia única: el diagnóstico de los problemas del hombre y la curación respectiva.

El diagnóstico: el pecado

En el campo de la medicina, si un médico no puede diagnosticar una enfermedad, por lo general tampoco le es fácil ofrecer una cura. En el problema humano, por tanto, el diagnóstico es de suprema importancia, pues se da en la Biblia mediante una palabra muy corta: *pecado*. Hasta donde me

15

fue posible descubrir, ningún otro libro en el mundo —a menos que tenga su base en la Biblia— determina el problema del pecado. Con toda certeza, ningún filósofo llegó jamás a esa identificación. En este aspecto la Biblia es única. Si no hubiésemos recibido nada más de la Biblia, deberíamos estar eternamente agradecidos por el diagnóstico de la condición humana. Pero, gracias a Dios, la Biblia nos brinda no sólo el dictamen, también nos revela el remedio, que es la *expiación*.

En este libro se va a considerar el problema básico de la humanidad: *el pecado*. No es apenas el problema fundamental de los seres humanos —en efecto, si se habla en sentido general—, es asimismo la dificultad en cada uno de nosotros como individuos, ya sea que lo reconozcamos o no. Le podemos dar nombres diversos. Algunas de las que se consideran como ciencias en el mundo de hoy nos ofrecen cantidades de denominaciones fantasiosas, complicadas o sencillas; sin embargo, la raíz del conflicto permanece intacta: el pecado. Una persona, hombre o mujer, carece de capacidad para tratar de modo efectivo y eficaz con los problemas de su vida, y esto sólo lo consigue cuando haya enfrentado la realidad de la raíz de los inconvenientes en su existencia, que es el pecado.

Una de las diversas definiciones de pecado en la Biblia, dice: «Por cuanto todos pecaron, y están destituidos de la gloria de Dios» (Romanos 3:23). La esencia del pecado es negativa más que positiva. No implica necesariamente cometer algún crimen terrible. Consiste en fallar en darle a Dios su sitio correcto en nuestras vidas, o dirigir vidas que impiden o demoran o retienen ofrecerle a Dios la gloria que todas sus criaturas le deben brindar.

Una vez que comprendemos la condición humana de esta manera, debemos reconocer que el dicho del apóstol es cierto: todos pecamos y estamos lejos de la presencia gloriosa de Dios.

El remedio: la cruz

Gracias a Dios, la Biblia no sólo diagnostica nuestro pecado, también provee el remedio perfecto de Dios: *la cruz*.

Cuando hablo acerca de la cruz, no me refiero a ese pedazo de metal o de madera que las personas se cuelgan alrededor del cuello o que fijan sobre la pared de un templo, aunque no tengo nada contra tales cosas. Cuando hago alusión a la cruz, hablo del sacrificio que Jesús hizo allí a favor nuestro. La mayoría de los cristianos no son muy concientes del gran sacrificio que hizo en la cruz. A fin de sustentar esta afirmación, vamos a considerar tres pasajes de Hebreos, pues todos enfatizan la cruz como un sacrificio.

En efecto, al hablar sobre Jesús y hacer un contraste con los sacerdotes del Antiguo Testamento, el Espíritu Santo, por medio del autor sagrado, escribió:

«Porque tal sumo sacerdote nos convenía: santo, inocente, sin mancha, apartado de los pecadores, y hecho más sublime que los cielos; que no tiene necesidad cada día, como aquellos sumos sacerdotes, de ofrecer primero sacrificios por sus propios pecados, y luego por los del pueblo; porque esto lo hizo una vez para siempre, ofreciéndose a sí mismo» (Hebreos 7:26–27).

La palabra *ofrecer* se refiere a la acción del sacerdote cuando hacía un sacrificio. Pero en la cruz, Jesús se ofreció a sí mismo. Es decir, fue ambos y al mismo tiempo: el Sacerdote y el sacrificio. Como Sacerdote, ofreció el sacrificio, sin embargo, también era el sacrificio, la víctima. Se ofreció a sí mismo. Es fundamental e indispensable enfatizar que sólo un Sacerdote era lo suficientemente bueno para hacer esa ofrenda y únicamente una ofrenda sería aceptable a Dios.

En otro pasaje, un tanto más adelante, encontramos que hay un contraste directo con el Antiguo Testamento:

«Porque si la sangre de los toros y de los machos cabríos, y las cenizas de la becerra rociadas a los inmundos, santifican para la purificación de la carne, ¿cuánto más la sangre de Cristo, el cual mediante el Espíritu eterno se ofreció a sí mismo sin mancha a Dios, limpiará vuestras conciencias de obras muertas para que sirváis al Dios vivo?» (Hebreos 9:13–14).

Nótese que Jesús, *mediante el Espíritu eterno, se ofreció a sí mismo sin mancha a Dios.* Aquí hay una referencia al Espíritu Santo, cuya participación en el sacrificio fue básica. Descubrimos, de hecho, que en toda fase principal del proceso de la redención, cada Persona de la Deidad tiene una implicación directa. Este compromiso, en cada una de las etapas sucesivas, se puede diseñar como sigue:

1. *Encarnación.* El Padre encarnó al Hijo en las entrañas de María por el Espíritu Santo (Lucas 1:35).

2. *Bautismo en el río Jordán.* El Espíritu descendió sobre el Hijo, y el Padre manifestó su aprobación desde los cielos (Mateo 3:14–17).

3. *Ministerio público.* El Padre ungió al Hijo con el Espíritu (Hechos 10:38).

4. *La crucifixión.* El Hijo, Jesús, se ofreció a sí mismo al Padre por medio del Espíritu Santo (Hebreos 9:14).

5. *La resurrección.* El Padre resucitó a su Hijo también por el poder del Espíritu Santo (Hechos 2:32; Romanos 1:4).

6. *Pentecostés.* El Hijo recibió del Padre el Espíritu Santo, y luego lo derramó sobre sus discípulos (Hechos 2:33).

Cada una de las Personas de la Trinidad —y aquí digo esto reverentemente— estaba celosa (deseosa) de ser incluida en el proceso de redimir a la humanidad.

Pero nuestro enfoque actual sobre la cruz de Cristo, una vez más, es para ambos: el Sacerdote y la Víctima. El Hijo se ofreció al Padre por medio del eterno Espíritu Santo, sin mancha ni contaminación alguna. Era completamente puro, la única ofrenda aceptable por cuanto era el Único sin pecado.

Poner a la cruz en el centro

El término *eterno* describe algo que trasciende los límites del tiempo. Todo lo que tuvo lugar en la cruz, en verdad fue un hecho sin igual en la historia, mas su significación expande, dilata y sobrepasa el tiempo. En ese sacrificio, Jesús tomó sobre su propio ser los pecados de todas las personas de todos los siglos, pasados, presentes y futuros. Nuestras limitadas mentes humanas, con inmensa dificultad, logran asimilar; o sea, captar lo que se cumplió mediante aquel sacrificio único. Tu pecado, así como mi pecado, y los pecados de todos los que jamás hayan tenido vida, y los de la gente que todavía está por nacer, cayeron sobre Jesús, mediante el Espíritu eterno. El Señor tomó la totalidad del pecado de toda la raza humana sobre sí.

Es de una importancia extrema que comprendamos esto y que demos a la cruz su sitio adecuado en nuestra manera de pensar como creyentes. Hace algunos años, me encontraba con un obrero cristiano en Singapur y, en el curso de la charla, afirmó: «La Iglesia tiene tantas cosas en su vitrina de ventas que la cruz ya no se nota más».

Me di cuenta que mi amigo puso el dedo en una de los defectos más grandes en la iglesia contemporánea. Hoy es posible ir a cualquier librería cristiana y encontrar un libro sobre casi cualquier tema: cómo nutrir un buen matrimonio, cómo levantar hijos piadosos, cómo entender la personalidad propia, cómo mantener mejor el hogar. ¡Casi no hay límite! Muchos de esos textos sin duda tienen gran mérito, pero ninguno sería efectivo sin la cruz, que es la única fuente de gracia y poder para lograr que todos los demás buenos consejos obren. Es tiempo para que la Iglesia ponga a la cruz de regreso en el centro de su exhibidor de ventas.

Dios dijo a los israelitas, antes que entraran a la tierra prometida, que cuando construyesen un altar, no le fueran a poner ningún otro objeto alrededor.

Dios, además, entregó al pueblo hebreo instrucciones específicas acerca de la clase de altar sobre el que irían a ofrecer sus sacrificios:

«Altar de tierra harás para mí, y sacrificarás sobre él tus holocaustos y tus ofrendas de paz. Y si me hicieres altar de piedras, no las labres de cantería; porque si alzares herramienta sobre él, lo profanarás» (Éxodo 20:24–25).

El altar de los israelitas solamente se debía hacer con materiales en su condición natural, sin cambio alguno hecho por el hombre, tierra o piedra sin labrar. Todo lo que el ser humano agregara, lo iba a contaminar.

Por otra parte, más adelante el Señor advirtió a su pueblo:

«No plantarás ningún árbol para Asera cerca del altar de Jehová tu Dios, que tú te habrás hecho, ni te levantarás estatua, lo cual aborrece Jehová tu Dios» (Deuteronomio 16:21–22).

No debía haber nada que distrajese la atención del altar donde se ofrecían los sacrificios. No había ningún sitio para el arte o el ingenio humanos que pudieran apartar la deferencia y el respeto de la cruda y rígida simplicidad de las ceremonias. También hay aquí una lección para nosotros. Nada debe rodear la cruz. No debemos poner nada sobre o frente a la cruz que en cierta forma la oscurezca o la opaque. La cruz es dura, así como la crucifixión de Jesús fue una escena horrible, severa y cruel.

Dudo si algún artista haya ilustrado jamás todo cuanto tuvo lugar cuando Jesús murió en el Calvario. Si hubiese tenido éxito, haríamos bien en abrir los ojos. Mas la cruz que se encuentra en el centro de nuestra fe es única para el Cristianismo. Ningún otro sistema religioso —ni el islamismo, ni elbudismo, ni el hinduismo, ni cualesquiera de las incontables sectas— posee nada que corresponda o que incluso remotamente recuerde a la cruz.

Además, la cruz es el ancla de la fe cristiana en la historia. Mahoma, por el contrario, recibió su revelación en una cueva no identificada, sin conexión alguna con situaciones particulares o serie de circunstancias. Por su parte, los filósofos especulan en lo abstracto. En cambio, el mensaje de la cruz se relaciona con un incidente específico en la historia humana. Es o cierto o falso. No hay una tercera posibilidad. Si es cierto, es el hecho más importante en la historia de la humanidad.

Cuando hace muchos años se me confrontó con los sucesos centrales del Evangelio, y luego descubrí que Jesús vive en nuestro siglo, concluí lo siguiente: el hecho que un Hombre hubiera entregado su existencia para resucitar de entre los muertos, y todavía estuviese vivo hoy, es el máximo acontecimiento aislado en la historia de los hombres. Ningún otro suceso se le puede comparar.

Si no damos a la cruz su lugar correcto en el centro de nuestras vidas, nuestra fe pierde su significado y su poder. Terminamos ya sea con una lista inocua de generalidades morales o bien con un patrón de conducta que nos es imposible alcanzar. Nadie podrá jamás llevar a la práctica el Sermón del Monte sin el poder de la cruz en su vida.

Me he mantenido en oración y súplica por muchos años, a fin de que el Señor capacite a la Iglesia para restaurar a la cruz en su sitio correcto. Confío que este estudio sobre la expiación y los cambios divinos que provoquen, puedan ser parte de la respuesta a esas plegarias.

¿Cuáles son las implicaciones de la cruz?

Hagamos una aplicación personal. El apóstol Pablo, dice: «Nosotros predicamos a Cristo crucificado» (1 Corintios 1:23). Permítame hacerle una pregunta. Si usted es predicador, maestro, consejero, ministro o tiene cualquier otro oficio o cargo en la iglesia, ¿predica a Cristo crucificado? Si no es así, su predicación o enseñanza o consejería o ministerio puede aparentar belleza, pero en el correr de los tiempos no cumplirá nada. La única fuente de poder es la cruz.

Pablo, un poco más adelante, afirma: «Porque lo insensato de Dios es más sabio que los hombres, y lo débil de Dios es más fuerte que los hombres» (1 Corintios 1:25). La cruz es la tontería y la debilidad de Dios. ¿Qué podría parecer más tonto que Dios haya permitido que a su Hijo lo crucificaran los pecadores? ¿Qué podría parecer mayor debilidad que ver el espectáculo de un hombre expuesto en la cruz, su cuerpo lacerado, sangrante, para morir en espantosa agonía? Pero la debilidad de Dios, sostiene Pablo, es más fuerte que los hombres. Lo necio e insensato de Dios es más sabio que los hombres. La fuente verdadera y real de poder y sabiduría para el cristiano se halla en la cruz. Sin la cruz podemos tener moralidad muy buena, muchas intenciones excelentes y una gran cantidad de sermones bonitos, pero jamás conseguiremos resultados que puedan ser siquiera significativos.

Por tanto, vale la pena considerar con suma atención el siguiente pasaje del Nuevo Testamento: «Porque con una sola ofrenda (el Señor Jesús) hizo perfectos para siempre a los santificados» (Hebreos 10:14).

Hizo perfectos para siempre. Aquí en esta frase el verbo *hacer* está en tiempo pasado perfecto. El sacrificio se debía ofrecer solamente una vez, nunca se iba a repetir; es un sacrificio absoluto que perfeccionaría por entero a quienes en éste pusieran su fe. Todo lo que Jesús hizo, y su efecto en nosotros, es perfecto, completo y para siempre. Nada se le puede quitar jamás. Nunca es posible agregarle ni un átomo ni aun una micra. Lo que Dios hizo es definitivo, final y sin adiciones. Es hasta la eternidad; nada se le podrá retirar ni añadir, ni cambiar o modificar. En cambio, nuestra apropiación es progresiva. Esto tiene una importancia muy grande, sobre todo si continuamos el énfasis en la perfección de la obra.

Quizá usted puede decir: «No tengo esa clase de perfección, ni tampoco esa santidad». Pero en verdad ninguno de nosotros las tiene. He estudiado y enseñado sobre este tema durante más de cincuenta años, y todavía me hallo en el proceso de ser santificado. Nuestra santificación es progresiva. Somos parte de quienes nos encontramos progresivamente cada vez más cerca de Dios, cada día más y más aparte del pecado y del mundo, a fin de recibir más y más de Dios en todo nuestro ser interior. Esto es lo que la revelación de la cruz hace por nosotros y en nosotros.

En los capítulos que vienen, permítanme tratar con tres interrogantes que rara vez se escuchan:

1. ¿Qué hace la cruz *por* nosotros?

2. ¿Qué debe hacer la cruz *en* nosotros?

3. ¿Cómo nos podemos apropiar, desde un punto de vista muy práctico, de lo que Dios ya hizo por medio de la cruz?

Estas preguntas no se hacen con frecuencia, pero encontrar las respuestas respectivas nos llevarán a un nivel más profundo de santificación, como no lo hemos conocido nunca antes. El suministro completo de Dios siempre se libera mediante el sacrificio de Cristo en la cruz. Los intentos para encontrar nuestra provisión, por cualquier otro sistema, implican desviarnos de la cruz y son extremadamente peligrosos. El estudio que se ofrece en seguida será un poco más largo y difícil, pero habrá una recompensa enriquecedora si usted es constante y persevera.

Capítulo dos
PERFECCIONADOS
PARA SIEMPRE

En el capítulo previo me permití explicar que la muerte de Jesucristo en la cruz fue un sacrificio, y que, como Sumo Sacerdote, Jesús se ofreció como sacrificio a Dios por medio del Espíritu Santo. Gracias a ese sacrificio de sí mismo, quitó el pecado para siempre.

También dije que llegué al Señor a partir de unos antecedentes en los que no estuve en realidad familiarizado con la enseñanza del Evangelio ni con las verdades de la salvación. El Señor no trató conmigo desde una base intelectual. Simplemente me arrojó a la parte más profunda de la piscina, y me dijo: «¡A nadar!». Elbendito Espíritu Santo me bautizó antes de saber que *había* un bautismo en Él y antes que nadie me pudiera dar una advertencia en contra. Esto me llevó a estudiar la Biblia. Para mi sorpresa, descubrí que la Biblia es cierta, relevante y actualizada. De hecho, miré continuamente las Escrituras para explicar los acontecimientos que tenían lugar en mi vida.

Esto ocurrió mientras servía en Gran Bretaña, como soldado del ejército británico, en la Segunda Guerra Mundial. Poco tiempo después trasladaron mi unidad al Oriente Medio, donde pasé los siguientes tres años como servidor hospitalario (ayudante para varias tareas: asear a los enfermos, transportar pacientes, limpiar pisos, etc.), en los desiertos de Egipto y Libia. Seguí a mi unidad en la gran batalla de El Alamein, y luego desarrollé una afección cutánea, muy molesta en pies y manos. Los diversos médicos le dieron esta enfermedad nombres sumamente distintos, ¡cada uno más largo que el anterior! Pero ninguno de los doctores pudo curarme la enfermedad. Y como ya me era imposible usar botas, tuve que ser apartado de mi unidad. Pasé el siguiente año completo en hospitales militares de Egipto. ¡No me gustaría volver a pasar un año en un hospital en ninguna parte, pero un hospital militar de Egipto estaría de último en la lista, si tuviese que elegir!

Semana tras semana me mantuve en la cama del hospital. Tenía la certeza de ser salvo. Sé que el Espíritu Santo me bautizó y llegué a creer que la Biblia en realidad es cierta. Hasta allí había llegado, sin tener ninguna otra enseñanza. De alguna forma, Dios me quitó del trabajo a fin de enseñarme. Así, permanecí en cama día tras día, diciéndome: *sé que si tuviera fe, Dios me sanaría*. Lo siguiente que siempre decía, sin embargo, era: *pero, no tengo fe*. Me encontré en lo que John Bunyan, en *El progreso del peregrino,* llamó el pantano del desaliento, en el valle sombrío y aterrador de la desesperación.

Cuento todo esto porque anhelo de corazón que los lectores entiendan que el poder de la cruz no es tan sólo una teoría, ni es mucho menos un producto teológico, es un hecho muy sólido de la experiencia. Y obra.

Mientras yacía allí, en mi desesperanza, cayó en mis manos un librito titulado: *Sanidad del cielo*. Fue escrito por una médica, Lilian Yeomans, que, por sufrir una enfermedad incurable, se hizo adicta a la morfina. Pero, mediante la fe en el Señor y la ayuda de la Biblia, fue prodigiosamente liberada, y entonces dedicó el resto de su vida a predicar sobre sanidad y enseñarla.

En el libro encontré una frase —en realidad una cita directa de la Escritura— que transformó mi existencia. La cita dice: «Así que la fe *viene* del oír, y el oír, por la palabra de Cristo» (Romanos 10:17).

A medida que leía esta afirmación, un rayo de luz brillante penetró mi oscuridad. Entonces me agarré de dos palabras: *fe viene*. Si usted no tiene fe, la puede conseguir. ¿Cómo? *Por el oír*. ¿Oír qué? Lo que Dios dice en su Palabra.

Decidí que iba a oír lo que Dios dice; entonces me armé con un lápiz azul y leí la totalidad de la Biblia y subrayé todo lo que tuviese relación con cuatro temas: sanidad, fortaleza física, salud y larga vida. Me tomó varios meses hacer esto, pero, después de todo, ¡no tenía ninguna otra cosa para hacer! Cuando terminé, ¿saben lo que conseguí? ¡Una Biblia azul! Y la Escritura me convenció que Dios proveyó sanidad mediante el sacrificio de Jesucristo.

Aún no sabía, sin embargo, cómo permanecer en la práctica completamente aferrado a la sanidad.

Una palabra de dirección

En el tiempo oportuno, me transfirieron a un hospital en Alballah, sobre el canal de Suez. Allí conocí a la dama más insólita de El Cairo. Me refiero a la señora Ross, Brigadier del Ejército de Salvación que, cuando el esposo murió, tomó las insignias y el mismo rango de él, según es costumbre en esa institución. Ella era aún más extraña, por cuanto se trataba de una salvacionista que hablaba en lenguas y no se conocían muchas personas con ese don en la década de 1940. Era tan militante sobre lo que creía —hablar en lenguas y sanidad divina— como todos los salvacionistas lo son acerca de la salvación. Fue misionera y estuvo de planta en algún lugar de la India, veinte años atrás, donde contrajo un paludismo que la enfermó gravemente. Sin embargo, confió en la Biblia, y el Señor la bendijo con una curación absoluta y, desde ese instante, nunca volvió a tomar ningún medicamento contra esta dolencia.

A Mrs. Ross le dijeron de este soldado cristiano que necesitaba sanidad, y entonces hizo un viaje bastante difícil para visitarme. Logró conseguir un pequeño automóvil británico de cuatro puestos y persuadió a un soldado de Nueva Zelanda para que la llevara desde El Cairo hasta Alballah. Estas dos personas, junto con una joven obrera cristiana, de Oklahoma, llegaron al hospital. Mrs. Ross entró a la sala con su imponente uniforme completo del Ejército de Salvación, gorra y capa. Este aspecto produjo asombro y temor a la enfermera de guardia, que dio permiso para dejarme salir hasta el parqueadero, a fin de sentarme en el auto con ellos para orar. ¡Ni siquiera me consultaron!

Me encontré, pues, en el asiento posterior de ese muy pequeño vehículo, detrás de Mrs. Ross y del neozelandés y al lado de la hermana de Oklahoma. Comenzamos a orar. En el curso de pocos minutos, la joven estadounidense, en forma muy fluida y sin ningún esfuerzo, comenzó a hablar en lenguas; y el poder de Dios descendió sobre ella de tal modo que todo su cuerpo temblaba. A continuación, el temblor vino sobre mí y luego todos en el auto temblábamos. Por último, el automóvil mismo se sacudía, aunque el motor no estaba prendido, como si corriera a ochenta kilómetros por hora sobre una carretera destapada.

Sin saber cómo, de alguna manera, supe que Dios permitió esto como un beneficio muy grande en mi favor.

Entonces, la hermana de Oklahoma dio la interpretación en inglés de la oración que hizo en una lengua desconocida.

Ahora bien, si pone a un profesor británico de filosofía —estudioso de Shakespeare que aprecia el inglés isabelino y ama en grado superlativo la versión King James de la Biblia— al lado de una joven de Oklahoma, tiene, sin duda, grandes probabilidades de presenciar un choque de culturas y de idiomas. Me sorprendió muchísimo, entonces, que esa interpretación se oyera en el más perfecto inglés isabelino. No puedo recordar todo lo que dijo, pero cierto pasaje es tan fresco para mí hoy como lo era en 1943: «Considera la obra del Calvario: una obra perfecta, perfecta con respecto a todo, perfecta en todo aspecto».

Los lectores estarán de acuerdo en que es una frase elegante. Lo agradecí de inmediato, sobre todo por mi experiencia y educación en griego. Me explico: las últimas palabras que Jesús pronunció en el Calvario, antes de expirar, fueron: «Consumado es» (Juan 19:30). En el griego del Nuevo Testamento, estas palabras aparecen como un solo término: *tetelestai*. Ocurre en tiempo perfecto y significa «hacer algo perfectamente, cumplirlo perfectamente». Ustedes podrían traducir la palabra «perfectamente perfecto» o también «completamente completo».

Mediante la jovencita estadounidense, el Señor me habló de una obra perfecta, perfecta con respecto a todo y perfecta en todo aspecto: *tetelestai*. Quedé sobresaltado y muy sorprendido por cuanto tuve la certeza que el Espíritu Santo interpretó esa palabra para mí. Dios me habló.

Sin embargo, salí del auto con la misma condición cutánea. Nada sucedió en el campo físico. Con todo, recibí una palabra de dirección del Señor. Lo que Cristo hizo para mí y por mí en la cruz contenía todo lo que iba a necesitar siempre hasta el tiempo de la eternidad en los aspectos físicos, espirituales, materiales y emocionales.

Tomar la Palabra de Dios como medicina

La obra de la cruz es «perfecta con respecto a todo y perfecta en todo aspecto». No importa desde qué perspectiva mire usted a la cruz. Es perfecta. Nada se omitió. «Como todas las cosas que pertenecen a la vida y a la piedad nos han sido dadas por su divino poder, mediante el conocimiento de aquel que nos llamó por su gloria y excelencia» (2 Pedro 1:3) —y esto cubre justamente todo— lo provisto en la muerte sacrificial de Jesús en el Calvario. Todo cuanto necesite usted alguna vez, en el tiempo y en la eternidad, ya sea en lo espiritual o en lo físico, en lo financiero o en lo material, en la emoción o en las relaciones, ya se dio y se cumplió por medio de ese sacrificio único. Dice la Biblia: «Porque con una sola ofrenda hizo perfectos para siempre a los santificados» (Hebreos 10:14). Nótese de nuevo el empleo de la palabra *perfectos*.

De este modo me di a estudiar y comprender todo cuanto Dios hizo por mí y para mí mediante Jesucristo en la cruz. Empecé a ver que allí el Señor Jesús no solamente llevó mis pecados sino también mis enfermedades y dolores, de manera que por sus llagas fui sano. Por tanto, el mensaje del profeta no tiene escapatoria:

«Ciertamente llevó él nuestras enfermedades (en forma literal), y sufrió nuestros dolores (penas); y nosotros le tuvimos por azotado, por herido de Dios y abatido.Mas él herido fue por nuestras rebeliones, molido por nuestros pecados; el castigo de nuestra paz fue sobre él, y por su llaga fuimos nosotros curados» (Isaías 53:4–5).

Mi mente, entrenada para analizar, pudo percibir que allí no hay forma de evitar esta conclusión: Jesucristo llevó nuestras enfermedades, dolores y dolencias en la cruz, y por sus llagas fuimos curados y sanos.

Intenté por todos y cada uno de los diversos medios, debido a la formación filosófica de mi pensamiento, desmenuzar y separar las implicaciones presentes en el pasaje de Isaías 53:4–5. Consideré todas las posibles maneras de interpretar esa porción sin incluir la sanidad física. En el curso de las siguientes semanas, el diablo trajo a mi memoria todas las objeciones que alguna vez se hubiesen levantado contra la sanidad divina. ¡No creo que haya omitido ni una sola! Pero cada vez que iba a la Palabra de Dios, volvía a leer la misma cosa. Me acordé de mi Biblia azul y, a lo largo de todo ese camino, que comienza en Génesis y termina en Apocalipsis, vi la promesa de sanidad, fortaleza física, salud y larga vida.

Ignoro la razón por la que llegué a concluir que, como cristiano, se debe estar listo para ser miserable por el resto de la vida. Cada vez que leía las promesas y declaraciones de sanidad en la Escritura, pensaba: «Eso es demasiado bueno para ser cierto. En realidad ese no es su significado. ¿Puede en verdad Dios querer que sea sano, que tenga éxito y que goce de larga vida? No puede ser, así no es mi cuadro de la religión».

Mientras argumentaba de este modo, el Señor me habló no en forma audible, pero con toda claridad:

—Dime, ¿quién es el maestro y quién el alumno?

—Señor —respondí—: Tú eres el Maestro y yo el alumno.

—Bueno, ¿te importaría si me dejas enseñarte?

Capté el mensaje.

Luego, el Espíritu Santo me dirigió a un pasaje de las Escrituras que fue útil para sacarme del hospital:

«Hijo mío, está atento a mis palabras; inclina tu oído a mis razones. No se aparten de tus ojos; guárdalas en medio de tu corazón; porque son vida a los que las hallan, y medicina a todo su cuerpo» (Proverbios 4:20–22).

«Hijo mío». Caí en cuenta que Dios hablaba *para mí* como su hijo. Este pasaje no es para los inconversos, se dirige al pueblo de Dios. Cuando llegué a la frase *todo su cuerpo,* dije: «Eso lo afirma, ¡ahí está escrito!».. Ni siquiera un filósofo podría lograr que *cuerpo* no significase otra cosa sino *carne.* «Todo mi cuerpo» quiere decir mi organismo físico íntegro. Dios suministró, mediante su Palabra, todo cuanto va a impartir y devolver la salud a la totalidad de mi cuerpo físico.

Volví los ojos a la Biblia y se detuvieron en *medicina,* que en hebreo se puede traducir también como *salud o medicamento.*

¡Esto es prodigioso!. Me dije. *Estoy enfermo y necesito medicina. Dios proveyó el medicamento que traerá salud a todo mi cuerpo físico.*

Una de mis funciones como asistente médico en el ejército británico era administrar a los hospitalizados los medicamentos; obviamente, cuando no estaba enfermo. Entonces, dije: «Eso es. Voy a tomar la Palabra de Dios como mi medicina».

Al decir esto, de nuevo me habló Dios inaudiblemente, pero otra vez con toda claridad: «Cuando el médico elige un medicamento y lo ordena, las instrucciones para tomarlo están en la fórmula, y con alguna frecuencia también en el frasco respectivo. En Proverbios 4:20–22, junto con la prescripción están las instrucciones. Harás muy bien en estudiarlas».

Volví atrás y pude percibir que, en efecto, se encontraba un juego de cuatro instrucciones:

- Primera. *Está atento a mis palabras.* Debemos brindar una atención fija, constante y sin distracciones de ninguna clase a todo cuanto Dios dice y ordena.

- Segunda. *Inclina tu oído.* Debemos inclinar nuestra rígida cerviz a fin de llegar a ser enseñables. Nos conviene reconocer que no sabemos todo. Además, ciertas tradiciones que heredamos como antecedentes de nuestra iglesia, quizá no tienen base bíblica.

- Tercera. *Que no se aparten tus ojos de mis palabras.* Es indispensable mantener nuestro enfoque fijo y permanente en la Palabra de Dios.

- Cuarta. *Guardarlas en lo profundo del corazón.* El versículo que viene a continuación explica el motivo de esta enseñanza:

«Sobre toda cosa guardada, guarda tu corazón; porque de él mana la vida» (Proverbios 4:23).

Cualquier cosa que se guarde en el corazón, o para decirlo de otro modo, lo que se mantenga o se conserve allí, decidirá el curso del comportamiento. No es posible sostener una actitud errada en el interior y vivir correctamente; y, a la inversa, tampoco se puede tener una actitud correcta y vivir en la maldad. Lo que satura nuestros corazones determinará nuestras existencias. Así, pues, Dios me decía: «Si recibes mi Palabra a través de la puerta de tu oído, a través de la puerta de tus ojos y la admites en tu corazón, hará en ti todo lo que ofrecí».

Tomé en la mente la voluntad definitiva de recibir tan sólo la Palabra de Dios como mi medicina. Entonces, fui al médico, le agradecí todos sus buenos intentos por ayudarme. «Pero, a partir de ahora —le dije—, voy a confiar en Dios. No quiero recibir ningún otro medicamento».

Con dificultad escapé de ser remitido a un hospital psiquiátrico, y luego se me dio de alta en la clínica, mas bajo mi exclusiva responsabilidad.

Aunque la peor clase de clima para mi condición cutánea era el calor, el ejército me destinó a un lugar mucho más caliente: Jartum, capital de Sudán, donde la temperatura por lo regular puede alcanzar hasta 52.7º C. Así, pues, me encontré en esa ciudad, dedicado a luchar por la sanidad pero, eso sí, decidido a recibir mi medicina. Si considero esto desde el punto de vista filosófico, se trataba de una necedad.

¿Iba a ser vivo o astuto y permanecer enfermo o, por el contrario, necio y tonto y obtener la curación? Decidí volverme necio y tonto.

Entonces, me pregunté: *¿por lo general, cómo hacen las personas para tomar las medicinas?* Sabía que, a menudo, la respuesta era tres veces al día después de las comidas. Entonces, luego de cada una de las comidas principales, me retiraba a un lado para abrir mi Biblia. Inclinaba la cabeza en oración, y decía: «Padre, prometiste que estas palabras tuyas son medicina para todo mi cuerpo. Ahora las recibo y las tomo como mi medicamento, en el nombre de Jesús». De este modo me dedicaba a leer la Escritura con toda atención, a fin de escuchar el mensaje que la Palabra de Dios tenía para mí.

¡Gracias a Dios, fui curado por completo! No sólo el Señor me dio sanidad física sino que también me hizo un individuo totalmente distinto. La Biblia renovó mi pensamiento, cambió mis prioridades, valores y actitudes.

Llenar las condiciones para las promesas de Dios

Es maravilloso ser sano por un milagro, y le agradezco a Dios que me haya permitido ver a tantas personas curadas de modo milagroso e instantáneo. Sin embargo, es una bendición verdadera recibir la salud, en la medida en que transcurre el tiempo, por «tomar el medicamento» en forma sistemática. Se obtiene más que la sanidad física; hay un cambio real en el ser interior.

Pero no me llegó la sanidad de inmediato. Fue necesario el paso de tres meses antes de estarlo enteramente en ese clima tan difícil. Para tal situación, encontré mucho estímulo gracias al ejemplo de los hijos de Israel en Egipto. Entre más los afligían los egipcios, los israelitas crecían y prosperaban mucho más (Éxodo 1:12). Las circunstancias no son el factor decisivo, por cuanto las promesas de Dios no dependen de las circunstancias. En efecto, dependen de *cumplir las condiciones*.

Permítanme cerrar este capítulo con un principio que les ayudará en la apropiación de lo que necesitan a partir del sacrificio de Jesús. Tengan presente siempre estas palabras, que el autor sagrado escribió con toda certeza por la inspiración del Espíritu Santo, en su epístola: «La fe sin obras es muerta» (Santiago 2:20). En consecuencia, no basta apenas con sentarse y decir: «Creo». Es indispensable activar la fe al tomar la responsabilidad de cumplir y llevar a su término tanto las obras como las acciones.

Las personas que me llevaron a mi primer servicio de iglesia eran amigas de Smith Wigglesworth, aquel bien conocido y muy famoso evangelista de sanidad. Este hermano acostumbraba decir, con sencilla autoridad: «La fe es un hecho».. Esto explica el motivo para que hubiese obrado a favor mío. Habría podido sentarme en la cama y decir: «Tengo fe», pero nada hubiera cambiado. Necesité *hacer* algo a fin de activarla. En su misericordiosa sabiduría, Dios me enseñó a tomar la Biblia tres veces diarias como mi medicina.

Así, pues, la lección es bien clara: no se debe ser pasivos; es necesario entrar por la acción apropiada y correcta en las provisiones de la cruz.

Capítulo tres
UN CAMBIO ORDENADO
DIVINAMENTE

En este capítulo daremos una breve mirada a una verdad extraordinaria: mediante el sacrificio de Cristo en la cruz tuvo lugar un cambio que abre todos los tesoros de la provisión de Dios.

Principiemos este estudio del cambio divino al examinar otra vez un pasaje del Nuevo Testamento: «Porque con una sola ofrenda hizo perfectos para siempre a los santificados» (Hebreos 10:14). Enfaticé dos cosas. Primera, la muerte del Señor Jesucristo en la cruz fue un hecho que Dios ordenó, donde Jesús, como Sacerdote, se ofrece a sí mismo mediante el Espíritu Santo a favor de toda la raza humana ante Dios Padre. Segunda, también hago énfasis en que esta ofrenda del Señor fue un sacrificio perfecto. Nada se omitió y nada se le podrá jamás agregar. «Es perfectamente perfecto, completamente completo». Toda necesidad de todo descendiente de Adán se proveyó en forma total e íntegra por medio de ese único sacrificio de Cristo en la cruz.

Es muy importante captar y fijar este hecho. Asimismo, tiene una gran importancia no permitir que nuestra atención se distraiga de este sacrificio. Podemos estar comprometidos en muchas formas de enseñanza, ministraciones y otras actividades cristianas que pueden ser buenas en sus propios caminos. Sin embargo, si se separan del sacrificio de la cruz, al final van a perder toda su efectividad

Tomaré un cuadro del profeta Isaías para ilustrar cierto punto adicional: la cruz es el *centro* de toda la provisión de Dios. La totalidad del Evangelio se *centra* en la cruz. Isaías informa esto de una manera muy vívida. Permítanme que los guíe. Les ruego que me soporten; ¡el estudio vale la pena!

La cruz está en el centro

¿Cuántos capítulos hay en Isaías? Hay 66. ¿Cuántos libros tiene la Biblia? Lo- mismo, 66.

En Isaías hay dos secciones principales: los capítulos 1 al 39, y los capítulos 40 al 66 (es decir, 27 capítulos). De modo semejante, hay 39 libros en el Antiguo Testamento y también 27 en el Nuevo. A los últimos 27 capítulos de Isaías, con frecuencia, se les llama el Evangelio en el Antiguo Testamento.

Éstos, a su turno, se dividen en tres juegos de nueve capítulos cada uno: los capítulos 40 al 48; 49 al 57; y 58 al 66.

Una característica de estos tres juegos de nueve capítulos es muy significativa: cada uno termina con una declaración enfática que Dios nunca hace compromisos con el pecado. Así, por ejemplo, el último versículo de Isaías 48, dice: «No hay paz para los malos». Vayamos ahora al 57, en cuyo versículo final se lee: «No hay paz ... para los impíos». Estas dos declaraciones son casi idénticas.

Y si vamos al último capítulo del profeta, cuando habla de quienes se rebelan contra Dios, al finalizar es posible leer: «Su gusano nunca morirá, ni su fuego se apagará, y serán abominables a todo hombre» (Isaías 66:24). Quizá los vocablos no sean los mismos, pero el sentido de la verdad sí lo es: los que pecaron y no se arrepintieron representarán un espectáculo eterno del juicio de Dios.

Cada una de estas secciones, en los nueve capítulos, entonces, termina con una declaración muy semejante. Que a pesar de toda su infinita misericordia, Dios jamás hace compromiso con aquel pecado que no se confiesa y para el que no haya renuncia y arrepentimiento genuino y verdadero.

El mensaje central del capítulo central

La sección media de esta parte de Isaías se halla en los capítulos 49 al 57. El capítulo de la mitad de esta sección media es Isaías 53; mas en verdad la profecía se inicia en los últimos tres versículos del capítulo anterior:

«He aquí que mi siervo será prosperado» (Isaías 52:13).

La expresión *he aquí* sirve de heraldo a las palabras *mi siervo*, título que se le da a Jesús en esta profecía. Es bien probable que usted deba ir a la Biblia con la finalidad de comprobar esto, pero si agrega los tres versículos del capítulo 52, que sirven a modo de introducción a los doce versículos del 53, obtendrá cinco juegos de tres versículos, a saber:

1. Isaías 52:13–15
2. Isaías 53:1–3
3. Isaías 53:4–6
4. Isaías 53:7–9
5. Isaías 53:10–12.

Usted puede ver que el juego medio del capítulo medio en la sección media de Isaías está en 53:4–6. Creo que esto es una cita divina, por cuanto la verdad que revela yace en el centro absoluto y en el corazón del mensaje total del Evangelio.

La cruz en el centro

Consideremos lo que se lee en los primeros dos de estos tres versículos:

«Ciertamente llevó él nuestras enfermedades, y sufrió nuestros dolores; y nosotros le tuvimos por azotado, por herido de Dios y abatido. Mas él herido fue por nuestras rebeliones, molido por nuestros pecados; el castigo de nuestra paz fue sobre él, y por su llaga fuimos nosotros curados» (Isaías 53:4–5).

Hay problemas con ciertas traducciones de este pasaje, pues no falta alguna versión donde se utilizan palabras espiritualizadas que en verdad tienen una connotación física. Los traductores dicen, por ejemplo, *sufrimientos* y *penas,* donde el hebreo en realidad dice *enfermedades* y *dolores.* El significado de estas dos voces para *enfermedades* y *dolores* ha permanecido sin cambios desde el tiempo de Moisés hasta el presente

También, al iniciar el versículo 4, se lee: «Ciertamente...él»... El efecto gramatical en hebreo es enfatizar el pronombre *él* por dos motivos. En primer lugar, la palabra que se tradujo «ciertamente» destaca el término que sigue. Luego, en segundo lugar, en el idioma hebreo —como en latín, griego, ruso y otros lenguajes, pero no en la mayoría de las lenguas europeas— no es necesario escribir el pronombre *él,* porque su significado está implícito en la forma verbal misma. Así, pues, se pone el pronombre cuando se quiere resaltarlo. Debido a que el pronombre aparece en este pasaje, a la palabra *él* se la hace notoria dos veces: primero, por el término que la precede: «Ciertamente»; y luego, por el verbo: «llevó». En efecto, no es posible conciliar en forma lógica «nosotros llevó», «ellos llevó», etc. «Llevó» rige, pues la concordancia con el pronombre de tercera persona es singular.

Ahora llegamos al versículo crucial; el tercero de este juego medio en el capítulo medio de la sección media y de la parte final de la profecía:

40

«Todos nosotros nos descarriamos como ovejas, cada cual se apartó por su camino; mas Jehová cargó en él el pecado de todos nosotros» (Isaías 53:6).

¿Cuál es el problema de la raza humana? ¿Qué hicimos todos? Aquí aparece el diagnóstico de la Biblia. Todos no somos adúlteros, ni alcohólicos, ni hemos robado. Sin embargo, sí hay una cosa que todos y cada uno hicimos: seguimos nuestro propio camino, que no es el camino de Dios. A esto la Palabra del Señor le dice «*iniquidad o pecado*».. El mejor equivalente moderno, creo, es *rebeldía*. La raíz del problema de la humanidad es la rebeldía contra Dios.

Este problema humano es universal. Todos nosotros: judíos o gentiles, católicos o protestantes, africanos, asiáticos, americanos, sin excepción, seguimos nuestro propio camino. Todos estamos en la misma categoría, somos rebeldes.

Pero el mensaje maravilloso consiste en que Dios puso sobre Jesús la iniquidad, la rebeldía, el pecado de todos nosotros. Una versión de las Escrituras dice que Dios hizo reunir en Él las iniquidades de todos nosotros, de todos los hombres, de todas las razas, de todas las edades. Nuestras maldades, nuestros pecados todos fueron sobre Cristo mientras colgaba en la cruz.

¿Qué llevó el Señor?

En hebreo la palabra para *iniquidad* es *avon*. Es importante comprender que no sólo significa rebeldía sino además todas las malas consecuencias de la misma, el castigo de ésta y todo cuanto lleva sobre quienes son culpables. En el Antiguo Testamento hay tres pasajes que espero sean de utilidad para convencer a los lectores que cuanto digo no es alguna interpretación acomodaticia sino un modo directo de aplicar la Biblia.

Primero, escuchen a Caín después de oír la sentencia de Dios acerca del asesinato de su hermano: «Grande es mi castigo para ser soportado» (Génesis 4:13). El término para *castigo* aquí es *avon*. Tanto la iniquidad de Caín como el castigo se incluyeron en una misma palabra. Fueron mucho más grandes de lo que podía soportar.

Segundo, cuando Saúl pidió a la bruja de Endor que le consiguiera una sesión de espiritismo con Samuel, porque el castigo para la hechicería era la muerte,Saúl le prometió:

«Entonces Saúl le juró por Jehová, diciendo: Vive Jehová, que ningún mal te vendrá por esto» (1 Samuel 28:10).

Aquí, una vez más, se lee el término *avon*. Saúl le aseguró a la hechicera que no se la iba a culpar por esa acción y que no le vendría ningún castigo.

Y tercero, vamos a ver el mismo vocablo *avon* en otras dos porciones de las Escrituras:

«Porque se aumentó la iniquidad de la hija de mi pueblo más que el pecado de Sodoma, que fue destruida (castigada) en un momento...» (Lamentaciones 4:6).

Aquí también se usan dos palabras: *pecados* e *iniquidad*, y la idea de castigo que se expresa con la voz pasiva, *destruida,* que en hebreo únicamente se lee con *avon*. Se podría traducir así: *el pecado* o *el castigo del pecado.* Y más adelante se encuentra:

«Se ha cumplido tu castigo, castiga(da) (fue) tu iniquidad» (Lamentaciones 4:22).

Como ya dedujeron, de nuevo sólo hay en hebreo la misma palabra *avon,* que significa rebeldía, iniquidad, pecado y, claro está, el castigo por todas las malas consecuencias de la rebelión, las iniquidades, los pecados, etc.

Entonces, si volvemos a Isaías 53, es posible captar que el Señor Dios puso sobre su Siervo Sufriente nuestras rebeldías, el castigo de nuestras rebeliones y todas las malas consecuencias de éstas.

El cambio divino

Esto nos lleva a una verdad básica, una llave que, como dije, abre todos los tesoros de la provisión de Dios. En la cruz tuvo lugar un cambio ordenado divinamente y predicho por Dios. Es muy simple, mas es muy profundo. *Todo el mal que, por justicia, debería venir sobre nosotros, cayó sobre Jesús; todo el bien debido a Jesús y que obtuvo por su obediencia inmaculada está disponible para nosotros.*

Ahora, lea los nueve aspectos específicos del cambio que aparecen en la lista a continuación. En cada caso, a medida que lee, extienda la mano adecuada, la derecha para lo bueno y la izquierda para lo malo.

1. A Jesús se le castigó para que fuésemos perdonados.

2. Jesús fue herido para que pudiésemos recibir sanidad.

3. A Jesús se le hizo pecado con toda nuestra pecaminosidad para que fuésemos justificados por su justicia.

4. Jesús sufrió nuestra muerte a fin de que pudiéramos compartir su vida.

5. A Jesús se le convirtió en maldición para que pudiésemos recibir las bendiciones.

6. Jesús soportó nuestra miseria y pobreza para que recibiésemos su total abundancia.

7. Jesús llevó nuestra vergüenza y así podemos compartir su gloria.

8. A Jesús se le impuso llevar nuestros rechazos y con eso nos posibilitó gozar de su aceptación.

9. Nuestro viejo hombre murió en Jesús y, de este modo, el hombre nuevo puede vivir en nosotros.

Jamás podrá usted encontrar algún motivo para merecer ese cambio que, en realidad, no es sino producto de la soberana *gracia* de Dios. Es la expresión de su inconmensurable *amor*.

Además de esos nueve cambios vitales, que tuvieron lugar en el calvario, hay cinco aspectos diferentes de la liberación que se pueden recibir a través de aplicar la cruz a nuestras vidas. De hecho, mediante la cruz recibimos liberación:

1. De la presente era mala

2. De la Ley

3. De nuestro querido yo, nuestro amado ego

4. De la carne

5. Del mundo

En el equilibrio de este libro, estudiaremos cada uno de estos cambios y aspectos de la liberación, a fin de explicar cómo puede usted apropiarse de todo cuanto Dios proveyó por medio de la expiación. Aquí la palabra clave es *gracia*. La gracia es algo que nunca se puede ganar ni merecer. Casi todas las personas religiosas no gozan de la gracia de Dios, porque siempre procuran ganarla. Sin embargo, no hay manera de ganar lo que Dios hizo por usted mediante la muerte de Cristo en la cruz. Sólo hay una forma de recibirla, creerla; es decir, por la fe. No trate más de ganarla. Renuncie a procurar persuadirse que usted es casi suficientemente bueno. ¡No lo es y nunca lo será! Repito, la única manera en que puede recibir la provisión de Jesús en la cruz es por medio de la fe.

¿Por qué Dios envió a su propio Hijo a la cruz en nuestro lugar? Lo hizo porque nos ama. Pero, ¿por qué nos ama Dios? La Biblia nunca ofrece una explicación y la eternidad será demasiado corta para encontrarla. No merecemos ese amor, nunca no lo hemos ganado y nada hay en nosotros para merecer el increíble sacrificio del Señor. Fue una elección soberana del Dios Todopoderoso.

A medida que consideramos la provisión de Dios, para nosotros es de suma importancia entender dos títulos de Jesús. En efecto, los encontramos en el Nuevo Testamento:

«Así también está escrito: Fue hecho el primer hombre Adán alma viviente; *el postrer Adán*, espíritu vivificante» (1 Corintios 15:45).

Muchos cristianos llaman a Jesús «el segundo Adán». Pero eso es incorrecto. El versículo que se acaba de leer lo llama el *último* Adán. ¿Hay alguna diferencia? Claro que sí, como veremos en un momento. Pero antes vayamos a otro versículo:

«El primer hombre es de la tierra, terrenal; *el segundo Hombre*, que es el Señor, es del cielo» (1 Corintios 15:47).

Así, pues, primero se llamó a Jesús *el último Adán* y luego *el segundo Hombre*. Debemos poner bien esos nombres o títulos y en el orden correcto. Si no lo hacemos así o si los usamos en el orden equivocado, pierden por entero su significación.

En la cruz Jesús fue el último Adán. No fue el último en el sentido del tiempo, pues han nacido millones y millones de descendientes de Adán desde entonces. Pero fue el último en el sentido que la mala herencia de toda la raza adámica fue puesta sobre Él en su totalidad cuando colgaba de la cruz. Toda la herencia perversa de nuestra raza maldita por el pecado fue sobre Él. Y cuando se le enterró, todo fue enterrado con Él. Nuestra naturaleza pervertida, que heredamos a partir de Adán, se quitó. Se terminó. Desapareció y se la puso fuera de la vista.

Luego, cuando Jesús se levantó de entre los muertos, se levantó como el segundo hombre, una nueva clase de hombre, el principio de la raza Emmanuel, la bendita raza de Dios-hombre. Todo aquel que nace de nuevo, por medio de la muerte y resurrección de Jesús, viene a ser partícipe de esta nueva raza Emmanuel. Asegúrese que esto le quede muy claro, pues ilustra a Jesús sobre la cruz, al último Adán, el fin de todo. No hubo ningún otro camino para que nuestra raza escapase de las consecuencias malignas de lo que habíamos hecho. Sin embargo, cuando a Jesús se le llevó al sepulcro, todo fue enterrado con Él. Cuando se levantó al tercer día, fue el principio de una raza nueva: la raza de Dios-hombre, una donde Dios y el hombre, en alguna forma, se combinaron misteriosamente en una creación nueva.

En 1 Pedro 1:3 el apóstol compara la resurrección con un nacimiento de entre los muertos y confirma lo que escribió Pablo al describir a Jesús cuando fue dado: «... y lo dio por cabeza sobre todas las cosas a la iglesia, la cual es su cuerpo, la plenitud de Aquel que todo lo llena en todo» (Efesios 1:22–23). Aquí hay un hermoso cuadro, por cuanto en casi todo nacimiento humano, por las vías naturales, ¿cuál es la parte del cuerpo que sale primero? La cabeza. La salida de la cabeza garantiza que también seguirá el resto del cuerpo. Cuando Jesucristo, como cabeza de la Iglesia, resucitó de entre los muertos, se convirtió en la garantía, en las arras de nuestra resurrección. Murió como el último Adán (use la mano izquierda), y se levantó como el segundo hombre (ahora extienda la mano derecha).

Un cuadro profético final

Ahora miraremos una figura profética que nos describe la rebeldía de Israel, donde Dios dice acerca de su pueblo escogido:

«Oíd, cielos, y escucha tú, tierra; porque habla Jehová: Crié hijos, y los engrandecí, y ellos se rebelaron contra mí» (Isaías 1:2).

Y luego pinta con colores vívidos las consecuencias de esta actitud:

«¿Por qué querréis ser castigados aún? ¿Todavía os rebelaréis? Toda cabeza está enferma, y todo corazón doliente.

46

Desde la planta del pie hasta la cabeza no hay en él cosa sana, sino herida, hinchazón y podrida llaga; no están curadas, ni vendadas, ni suavizadas con aceite» (Isaías 1:5–6).

Ahí está la rebeldía con todas las consecuencias del mal. Es además un cuadro exacto de Cristo en la cruz. Comparemos esto con la parte donde comienza Isaías 53:

«Miren, mi siervo triunfará; será exaltado, levantado y muy enaltecido. Muchos se asombraron de él, pues tenía desfigurado el semblante; ¡nada de humano tenía su aspecto!» (Isaías 52:13–14 NVI).

El aspecto físico de Jesús fue tan desfigurado que perdió la apariencia humana. Desde la corona de la cabeza hasta las plantas de los pies no había sino llagas, golpes y heridas infectadas y putrefactas.

¿Por qué estaba tan desfigurado y sin fisonomía de hombre? Porque ese el producto; el efecto de la rebeldía. El propio Dios, en un cuadro patético y conmovedor, nos muestra el hecho que, en la cruz, el Señor llevó no sólo nuestras iniquidades sino también las consecuencias perversas de nuestras rebeliones. No es posible que creamos en las pinturas religiosas, más o menos bien logradas, de la crucifixión. Recuérdese que ésta sólo eran golpes, moretones, llagas llenas de pus fétido. Las heridas abiertas, en contacto con el polvo y la tierra de las caídas, se contaminaron y se infectaron. ¿Por qué? Porque la rebeldía de todo el género humano se le asignó a Jesús. La próxima vez que intentemos rebelarnos, que Dios nos dé un cuadro del fruto de la rebeldía. Jesús, como el último Adán, tomó nuestra desobediencia, anarquía, levantamientos, y murió, y lo enterraron con todo eso. Cuando se levantó a los tres días, surgió como el segundo hombre, la cabeza de una estirpe nueva.

Ahora, a medida que termina de leer este capítulo, diga en voz alta: «En la cruz Jesucristo llevó nuestra rebeldía y todas

47

sus malas consecuencias». Si realmente cree las palabras que acaba de pronunciar, hay una cosa más para decir: «¡Te agradezco, Señor Jesús!». *Amén.*

Parte II

LOS NUEVE CAMBIOS

Capítulo cuatro
PERDÓN Y SANIDAD

En la cruz, como ya vimos, tuvo lugar un cambio orde nado divinamente; algo concebido por el corazón y la mente de Dios desde la eternidad y que se cumplió en el Calvario. La cruz no fue un accidente, no fue un serio percance oneroso e infortunado que se forzó sobre Jesús, ni algún contratiempo que Dios no hubiese previsto. Absolutamente no. La cruz fue algo asombroso, dispuesto por Dios desde el principio de los tiempos; allí Jesús, como Sacerdote, se ofreció a sí mismo a Dios como el sacrificio por excelencia. Gracias a este sacrificio único, hizo provisión para todas las necesidades de todo el género humano y de todas las áreas de nuestras vidas, para todo el tiempo y para toda la eternidad.

La naturaleza de este cambio fue así: *todo el mal que por justicia debería venir sobre nosotros, cayó en Jesús, a fin de que todo el bien merecido por Jesús, a causa de su obediencia sin pecado, pudiera estar disponible para nosotros.* O, en palabras más simples: *todo el mal vino sobre Jesús para que todo el bien fuera nuestro.*

En este capítulo estudiaremos los primeros dos aspectos de este cambio divino; ambos los enuncia el profeta Isaías:

«Ciertamente llevó él nuestras enfermedades, y sufrió nuestros dolores; y nosotros le tuvimos por azotado, por herido de Dios y abatido. Mas él herido fue por nuestras rebeliones, molido por nuestros pecados; el castigo de nuestra paz fue sobre él, y por su llaga fuimos nosotros curados» (Isaías 53:4–5).

El primer cambio: su castigo por nuestro perdón

Isaías, explicó: «El castigo por nuestra paz, cayó sobre Él». Aquí está el primer cambio: *a Jesús se le castigó para que pudiésemos ser perdonados.* Mientras su pecado esté sin perdonar, no puede usted tener paz con Dios. Recuerde que Dios no hace las paces con la iniquidad.

Es muy significativo, conforme ya se notó antes, que cada una de las tres secciones de nueve capítulos, en la segunda parte de Isaías, termina con la declaración que Dios no hace componendas ni compromisos con la impiedad. Hay que tratar con el pecado. El mensaje de la misericordia consiste en que Cristo trató con absolutamente todos los pecados de toda la humanidad en la cruz. La paga del pecado es la muerte, mas Jesús pagó esa pena por nosotros en el Calvario.

¿Y el efecto de esto? La respuesta se halla en uno de los pasajes más sencillos y de importancia máxima en el Nuevo Testamento:

«Justificados, pues, por la fe, tenemos paz para con Dios por medio de nuestro Señor Jesucristo» (Romanos 5:1).

Una vez que se trató con nuestro pecado, según la voluntad y los métodos dispuestos por el Todopoderoso, como consecuencia vino la paz para con Dios. Si a Jesús no se le hubiese castigado, nunca podríamos tener paz con Dios. Sin embargo, como así sucedió, el castigo pavoroso que fue sobre el Señor hizo posible para nosotros alcanzar la paz.

Vemos esta verdad con una viveza mucho mayor en un pasaje donde el apóstol Pablo habla acerca del Señor sobre la cruz:

«Agradó al Padre que en él habitase toda plenitud, y por medio de él reconciliar consigo todas las cosas, así las que están en la tierra como las que están en los cielos, haciendo la paz mediante la sangre de su cruz. Y a vosotros también, que erais en otro tiempo extraños y enemigos en vuestra mente, haciendo malas obras, ahora os ha reconciliado en su cuerpo de carne, por medio de la muerte, para presentaros santos y sin mancha e irreprensibles delante de él» (Colosenses 1:19–22).

Ese resultado jamás se podría lograr por ningún otro medio, excepto por el sacrificio de Jesús. Por cuanto Él se identificó por entero con la maldad y las iniquidades de todo hombre o mujer o niño, jamás hechas, fue posible para nosotros conseguir el perdón y ser liberados del poder del mal.

El siguiente es otro versículo que ilustra todavía más, si se quiere, el tema que se trata en el momento actual:

«En quien (Cristo) tenemos redención por su sangre, el perdón de pecados según las riquezas de su gracia» (Efesios 1:7).

Cuando hay perdón de nuestras iniquidades, como consecuencia hay *redención*. Esta palabra significa «comprar otra vez», y también quiere decir «rescatar». De este modo, por medio del precio de la sangre de Jesús, que Él dio a favor nuestro como sacrificio, se nos compró de nuevo —se nos rescató— del poder de satanás y pasamos a ser propiedad de Dios.

El apóstol, en Romanos 7, ofrece una penetración especial de este cambio, pero esto no es claro para quienes no tienen familiaridad con el contexto cultural propio de la época.

Cuando Pablo escribe: «Soy carnal, vendido al pecado» (v 14), las palabras *vendido al* se relacionan con una costumbre romana. Si a una persona se la vendía como esclava, se la hacía permanecer de pie sobre un bloque. De un poste que había detrás se extendía una vara o una lanza sobre la cabeza. Si usted veía a alguien en el bloque con una lanza extendida, era suficiente para saber que se le vendía como esclavo(a). En otras palabras, Pablo dijo: «Soy carnal, vendido bajo la lanza de mi pecado que se extiende sobre mi cabeza. No tengo opción alguna. Aquí estoy para que me vendan».

Sigamos con la comparación. Los esclavos comprados no podían elegir trabajo para hacer; el amo escogía por ellos. De dos mujeres vendidas en la misma feria, una podía ir a la cocina y la otra como una especie de fábrica para producir niños en la casa del dueño. No tenían alternativas. También esto fue cierto para nosotros como pecadores. Pudo ser usted un pecador «bueno, respetable», y hasta mirar con desprecio a las prostitutas y a los drogadictos. Sin embargo, el propietario determinaba las funciones que como esclavo debía cumplir, ya fuesen dignas o degradantes.

Las Buenas Nuevas son las siguientes: un día Jesús anduvo por el mercado de esclavos, lo seleccionó a usted, y dijo: «Como decidí comprar esta persona, satanás, ya no te pertenece más. Pagué el precio. De ahora en adelante deja de ser tu esclavo(a) y pasa a ser mi hijo(a)». ¡Esa es la redención! Viene sólo mediante el perdón de nuestros pecados. Y, ¿cómo se nos puede perdonar? Porque a Jesús se le castigó con el suplicio que merecíamos.

El segundo cambio:
sus heridas por nuestra sanidad

Llegamos ahora a una verdad que se mantuvo oculta por siglos a millones de cristianos: el aspecto físico de la expiación. Y aquí, una vez más, estamos en los maravillosos versículos de Isaías que se relacionan con este tema:

«Ciertamente llevó él nuestras enfermedades, y sufrió nuestros dolores» (Isaías 53:4).

Aquí, pues, está el cambio número dos: *al Señor Jesús se le hirió físicamente a fin de que nosotros pudiésemos obtener la salud física.* El lenguaje hebreo utiliza aquí dos verbos distintos. Cuando dice que el Siervo Sufriente «llevó...nuestras enfermedades», en realidad quiere decir que quitó todas las molestias, los achaques, los padecimientos. Y al afirmar que «sufrió nuestros dolores», el hebreo da a entender que «soportó esos dolores». Por tanto, Jesús hizo desaparecer (quitó) enfermedades y su cuerpo permaneció firme bajo el infortunio del dolor. ¿Qué resulta de esto?

«Y por su llaga fuimos nosotros curados» (Isaías 53:5).

Esta es la respuesta al interrogante anterior. ¡Y cuánta lógica hay aquí! Por cuanto Jesús trató con nuestras enfermedades y con nuestros dolores sobre su propio cuerpo, entonces para nosotros vinieron la sanidad y la curación absolutas. Vale la pena advertir, que en el idioma hebreo, de un modo más literal, esta idea se expresa así: «Para nosotros se obtuvo la salud».

¿No le parece interesante que cuando la Biblia habla acerca de la expiación, nunca pone la sanidad en el futuro? ¡Ya se consumó! En lo que respecta a Dios, la sanidad se obtuvo por completo. Estamos y somos sanos. Muchos creyentes a veces me dicen: «¿Cómo puedo saber si la voluntad de Dios es sanarme?». Entonces, respondo: «Esa es una pregunta equivocada. Si es un cristiano comprometido, que busca con sinceridad servir a Dios y hacer su voluntad, su interrogante no debió ser así, sino más bien: «¿Cómo puedo recibir la sanidad que Dios ya me dio en la cruz?»:

En próximos capítulos procuraré tratar, por lo menos en parte, con el punto de cómo apropiarse de todo lo que Dios proveyó. Sin embargo, si en primer lugar usted no cree que Dios ya suministró la salud, entonces es probable que no se la pueda apropiar. La base está en descubrir lo que Dios nos dio por medio de Cristo en el Calvario.

Refuerzos del Nuevo Testamento

Quizá alguien podría decir: «No estoy seguro de aceptar sus explicaciones de Isaías 53». Está muy bien, pero no se atreva a discutir con Mateo, Pedro y el Espíritu Santo. Este par de autores judíos, en el Nuevo Testamento, bajo la inspiración del Espíritu Santo, citan a Isaías 53:4–5.

Primero, miremos el Evangelio de Mateo y el principio del ministerio público de sanidad del Señor Jesús:

«Y cuando llegó la noche, trajeron a él muchos endemoniados; y con la palabra echó fuera a los demonios, y sanó a todos los enfermos» (Mateo 8:16).

Se debe notar que, en el ministerio de sanidad de Jesús, no hay dificultad ni una distinción rápida entre sanar a los enfermos y echar fuera los espíritus malos. A lo largo de todo este ministerio, ambas cosas van de la mano. ¿Por qué ministró el Señor de esa manera? La respuesta se halla en el versículo siguiente:

«Para que se cumpliese lo dicho por el profeta Isaías, cuando dijo: Él mismo tomó nuestras enfermedades, y llevó nuestras dolencias» (Mateo 8:17).

Se debe notar que el significado de Isaías 53:4–5, en la cita de Mateo, es físico por completo, por cuanto se refiere a nuestras *enfermedades* y a nuestros *dolores*. Además, el producto final es físico, pues el evangelista establece que Jesús sanó todos los que fueron a Él. No a algunos, a todos. ¡A cada uno y a todos! No hay duda, por tanto, que Mateo da a Isaías 53:4-5 una aplicación enteramente física.

Una nota más acerca de este pasaje en Mateo. En griego, el énfasis se halla en «*Él mismo*», en el propio Jesús, no en nosotros. Cuando lucha con el pecado, la enfermedad, la depresión, el rechazo, el temor, etc., la Biblia nos anima a quitar los ojos de nosotros. La respuesta no se halla en usted. Vuelva la mirada a Jesús. «Él mismo» es la respuesta.

Otra porción del Nuevo Testamento, cita asimismo además a Isaías 53:4–5. Aquí también se hace referencia al Señor Jesús:

«…llevó él mismo nuestros pecados en su cuerpo sobre el madero, para que nosotros, estando muertos a los pecados, vivamos a la justicia; y por cuya herida fuisteis sanados» (1 Pedro 2:24).

De nuevo, nótese que Pedro pone el énfasis sobre *Él mismo*.

Aquí, en estos pasajes, el pecado es un punto céntrico. Cuando se trata con el pecado, absolutamente todo lo demás queda cubierto.

Por último, la atención debe ir al tiempo del verbo; no es *seremos sanos*, ni siquiera es *se nos está sanando*, sino *fuimos sanados*. Hasta donde le interesa a Dios, ya está hecho. Cuando Jesús dijo: «Consumado es» (Juan 19:30), quiso significar: «Todo está cumplido, no queda nada por hacer». En lo referente a la parte de Dios, nada jamás cambiará, nada se le podrá añadir y nada se le puede quitar. Permítanme traer a la memoria la palabra profética que tuve de la hermana de Oklahoma, antes de recibir mi sanidad: «Considera la obra del Calvario: una obra perfecta, perfecta con respecto a todo, perfecta en todo aspecto». El aspecto físico es tan perfecto y completo como lo es en cualquier otro.

¿Qué incluye la salvación?

Ahora ruego a los lectores seguirme a ciertos pasajes del Nuevo Testamento, donde la palabra para *salvo* se traduce como «salud o sanidad» y a veces «bienestar». El término griego para esa palabra es *sozo*. Todos los demás equivalentes de *salvación* se derivan de la misma raíz. En un número significativo de porciones del Nuevo Testamento, la voz *sozo* se aplica a la sanidad física. El problema que hay en diversas versiones consiste en que no siempre se traduce «sano», y esto oscurece el hecho que la sanidad física es parte de la salvación.

Sanidad

En el Evangelio de Mateo, encontramos el relato de aquella mujer que, por padecer un flujo de sangre, tocó las vestiduras de Jesús y luego tuvo miedo de descubrir lo que hizo. Una mujer, en esa condición, ustedes lo saben, se consideraba inmunda y se le prohibía tocar a alguien por cuanto entonces la persona se contaminaba y venía a quedar impura. Así, pues, transgredió la Ley al tocar a Jesús. Esto justifica su actitud de temor, más que la timidez, cuando se le hizo explicar su acción.

«Y he aquí una mujer enferma de flujo de sangre desde hacía doce años, se le acercó por detrás y tocó el borde de su manto; porque decía dentro de sí: Si tocare solamente su manto, seré salva» (Mateo 9:20-21).

Sin embargo, en realidad dijo dentro de sí: «Seré sana».

«Pero Jesús, volviéndose y mirándola, dijo: Ten ánimo, hija, tu fe te ha salvado...» (Mateo 9:22).

Y en ese momento el Señor en verdad pronunció estas palabras: «Tu fe te ha *sanado*».

En la pluma de Lucas hay una explicación más a fondo, si se quiere, del mismo caso que relata Mateo:

«Entonces, cuando la mujer vio que no había quedado oculta, vino temblando, y postrándose a sus pies, le declaró delante de todo el pueblo por qué causa le había tocado, y cómo al instante había sido sanada» (Lucas 8:47).

Una vez más, el término que se tradujo «sanada» es en realidad *sozo*, que aquí también tiene el sentido de salvación.

Jesús le respondió: «Hija, tu fe te ha salvado; vé en paz» (Lucas 8:48). Que en verdad es: «Tu fe te ha sanado».. Como se puede ver, Jesús incluye la sanidad como parte de la salvación.

Y si vamos al Evangelio de Marcos, el pasaje a continuación nos cuenta de Jesús:

«Y dondequiera que entraba, en aldeas, ciudades o campos, ponían en las calles a los que estaban enfermos, y le rogaban que les dejase tocar siquiera el borde de su manto; y todos los que le tocaban, quedaban sanos» (Marcos 6:56).

De nuevo las palabras «quedaban sanos» es *sozo* con su significado «salvos». ¿Y de qué se les iba a salvar? Otra vez, la respuesta es *de las enfermedades*.

Liberación de espíritus

Tanto Marcos como Lucas, en sus evangelios, traen el relato del hombre que tenía una «legión» de demonios. Cuando Jesús los echó fuera, el hombre quedó perfectamente bien.

«Y salieron a ver lo que había sucedido; y vinieron a Jesús, y hallaron al hombre de quien habían salido los demonios, sentado a los pies de Jesús, vestido, y en su cabal juicio; y

59

tuvieron miedo. Y los que lo habían visto, les contaron cómo había sido salvado el endemoniado» (Lucas 8:35–36).

Otra vez el vocablo griego es *sozo*, que significa «salvo», y que aquí se tradujo con el sentido de «curado». La libertad de espíritus fue provista por el sacrificio de Jesús en el Calvario y es parte de la salvación.

Ministré a miles que necesitaban liberación de espíritus malignos, y esa experiencia me hizo aprender que satanás respeta sólo una cosa: la cruz. Usted puede decirle que es católico, presbiteriano, episcopal, metodista, y eso no le importa. Sin embargo, cuando va contra él sobre la base de lo que hizo Cristo en la cruz, entonces lo verá tembloroso y en derrota.

Resurrección de entre los muertos

Aquí también continuamos con el Evangelio de Lucas:

«...vino uno de casa del principal de la sinagoga a decirle: Tu hija ha muerto; no molestes más al Maestro. Oyéndolo Jesús, le respondió: No temas; cree solamente, y será salva» (Lucas 8:49–50).

Aquí, ya cayó usted en cuenta, la voz griega para «sana» es *salva*. Y «salvación», en este punto, es hacer volver a alguien de entre los muertos.

Apropiarse de la salvación

Entonces, vemos la sanidad física, la liberación de los espíritus inmundos, aun a una niña a quien se la regresa de la muerte: todo esto se describe con aquel vocablo inclusivo *salvar*. La salvación es todo lo que se proveyó por medio del sacrificio de Jesús en la cruz.

Vale la pena tener en cuenta el pasaje del libro de los Hechos, donde se averiguó a los apóstoles acerca de lo sucedido con el cojo de la Puerta Hermosa:

«Entonces Pedro, lleno del Espíritu Santo, les dijo: Gobernantes del pueblo, y ancianos de Israel: Puesto que hoy se nos interroga acerca del beneficio hecho a un hombre enfermo, de qué manera éste haya sido sanado, sea notorio a todos vosotros, y a todo el pueblo de Israel, que en el nombre de Jesucristo de Nazaret, a quien vosotros crucificasteis y a quien Dios resucitó de los muertos, por él este hombre está en vuestra presencia sano» (Hechos 4:8–10).

¿Qué produjo sanidad en el cojo? Salvación. Luego Pedro cierra el punto con uno de los versículos más importantes de la Biblia:

«Y en ningún otro hay salvación; porque no hay otro nombre bajo el cielo, dado a los hombres, en que podamos ser salvos» (Hechos 4:12).

Vayamos ahora a una de las cartas que Pablo escribió a su hijo espiritual:

«Y el Señor me librará de toda obra mala, y me preservará para su reino celestial...» (2 Timoteo 4:18).

Aquí, donde esta versión dice «preservará», Pablo utiliza la voz *sozo*. Es decir, afirmaba: «El Señor me librará de toda obra mala, y continuará salvándome para su reino celestial».

El proceso completo y continuo de lo que hizo Jesús para nosotros en el Calvario se resume en el término *salvación*. Desde el momento en que usted creyó hasta el instante en que pasa al tiempo de la eternidad, se mueve en la salvación provista por la muerte de Jesús en la cruz.

Aquí viene, entonces, un apropiado desafío para todo creyente digno de este nombre:

«¿Cómo escaparemos nosotros, si descuidamos una salvación tan grande?» (Hebreos 2:3).

Hay una gran cantidad de personas que en realidad rechazan la salvación. Lo hacen por cuanto no la quieren o no la creen. Sin embargo, hay también muchedumbres de cristianos profesantes que no rehúsan la salvación; más bien, la menosprecian o hasta la descuidan. No encuentran lo que Dios proveyó para ellos y, en cambio, aceptan alguna perspectiva tradicional, o cierta presentación de la cruz que defiende y sostiene la denominación a la que pertenecen.

Dios me dirigió hacia el sitio, mediante enfermedades secundarias, donde encontré lo que incluía la salvación. No tuve ningún otro camino. Tal vez Dios le envió a usted también a ese lugar. No puede permitirse menospreciar la salvación del Señor. De alguna manera, a lo largo del camino, y quizá ahora mismo, la necesita desesperadamente.

Que el Señor, en su infinita misericordia y por obra de su bendita gracia, nos ilumine a cada uno de nosotros a no descuidar los diversos aspectos físicos de esta salvación tan grande.

Reclamar estos cambios

Es muy probable que uno de los métodos más prácticos para lograr apropiarse de cuanto Dios hizo consista en darle las gracias por eso, y *confesarlo* de palabra, con los labios. Por tanto, pondré estos dos primeros cambios en la forma de confesiones verbales:

A Jesús se le castigó para que pudiésemos ser perdonados.

A Jesús se le hirió para que pudiésemos recibir la salud.

Si realmente usted cree ese par de declaraciones, debe decir: «¡Te doy gracias, Señor Jesús, por darme a través de tu sacrificio perdón y sanidad!»:

Capítulo cinco
Justicia en lugar de pecado

En este capítulo miraremos los intentos de satanás para hacer que los cristianos se sientan culpables, y cómo podemos vencer a nuestro acusador. Nuestra victoria se basa en el tercer aspecto del cambio divino cumplido por la obra perfecta de Cristo en la cruz: el cambio del pecado por la justicia. Aquí hay otra verdad que muchos de nosotros, cristianos profesantes, fracasamos en captar y, por tanto, se nos robó parte de nuestra herencia espiritual.

Primero, sin embargo, debemos distinguir entre *pecados* (plural) y *pecado* (singular). *Pecados* se refiere a los actos pecaminosos que cometimos. A Jesús se le castigó para que pudiese haber perdón para aquellos actos pecaminosos. *Pecado* tiene que ver con el poder maligno o la naturaleza perversa que nos lleva a cometer pecados. Hasta cuando esa naturaleza maligna y su poder no se hayan tratado, no es posible nuestra liberación completa.

Es necesario regresar al gran capítulo sobre la expiación que aparece en la Biblia, según el profeta Isaías.

«Jehová quiso quebrantarlo, sujetándole a padecimiento. Cuando haya puesto su vida en expiación por el pecado, verá linaje, vivirá por largos días, y la voluntad de Jehová será en su mano prosperada» (Isaías 53:10).

¡Cómo se predice con toda claridad la resurrección de Jesús! Después que Él puso «su vida en expiación por el pecado», las Escrituras dicen que el Siervo Sufriente «verá linaje, vivirá por largos días, y la voluntad de Jehová será en su mano prosperada». ¡Esto no podría suceder si Jesús hubiese permanecido en la muerte!

Pero enfoquémonos en el hecho que Dios Padre hizo del alma de Jesús la ofrenda por el pecado (o por la culpa). La palabra clave aquí es *culpa*. Debemos siempre recordar que los sacrificios del Antiguo Testamento eran apenas una vista previa de todo cuanto Dios iba a hacer mediante el sacrificio de Jesús.

Bajo el Pacto Antiguo, si una persona cometía cierto tipo de pecado, se le requería encontrar la ofrenda apropiada. El individuo llevaba el sacrificio (becerro, chivo, oveja) al sacerdote en el Tabernáculo y confesaba allí su pecado. Luego ponía la mano sobre la cabeza de la víctima que se iba a sacrificar y, con ese acto, de manera simbólica, le transfería su pecado. Una vez que el pecado quedaba transferido, entonces, a fin de que la pena cayese sobre el animal y no sobre sí mismo, se daba muerte a la víctima expiatoria. Según esto, el animal, en cierto sentido, pagaba la pena por el pecado de la persona.

Todo esto fue una ilustración de lo sucedido cuando a Jesús se le clavó sobre el madero. Dios Padre transfirió todo el pecado de la humanidad al alma de su Hijo. Además, el profeta Isaías da una asombrosa declaración en el texto hebreo que ninguno de nosotros jamás capta en toda su profundidad: «Hiciste de su alma una ofrenda por el pecado». ¡El alma de Jesús vino a ser la ofrenda por la culpa de la raza humana entera!

Si consideramos la absoluta pureza y la santidad de Jesús, no podemos siquiera empezar a comprender las implicaciones de convertir su alma en la ofrenda por el pecado de la humanidad. Todos podemos pensar en cosas que deseamos que jamás hubieran sucedido o que nunca hubiésemos hecho. Todos experimentamos un sentimiento de vergüenza, quizá incluso de repulsión, acerca de ciertos recuerdos. ¡Ahora pensemos en la vida inmaculada del Hijo de Dios que tomó sobre sí la pecaminosidad total de la raza entera! Esa era la copa que le repugnaba beber en Getsemaní. Como Cristo veía tanto el sufrimiento físico como la horrorosa carga espiritual del pecado humano que debía tomar sobre sí, dijo: «Padre, todas las cosas son posibles para ti; aparta de mí esta copa…» (Marcos 14:36). Gracias a Dios que añadió: «…mas no lo que yo quiero, sino lo que tú» (Marcos 14:36). Así compró nuestra expiación.

Sigamos en el Nuevo Testamento, pues hay un pasaje muy conocido en una de las cartas de Pablo donde es posible entrever que se cita a Isaías 53:10, aunque en una forma más o menos velada:

«Al que no conoció pecado, por nosotros lo hizo pecado, para que nosotros fuésemos hechos justicia de Dios en él» (2 Corintios 5:21).

¿Qué es lo opuesto de pecaminosidad? Es justicia o rectitud. Aquí, por tanto, se encuentra el cambio: *a Jesús se le hizo pecado con nuestra pecaminosidad, para que pudiésemos ser justificados con su justicia, con su rectitud.*

¡Este es un pensamiento abrumador y sorprendente! Mas es bíblico por completo. Jamás alcanzaremos la justicia de Dios por tratar de ser buenos. Sólo hay una forma de apoderarnos de esta cualidad divina: *por medio de la fe.* Debemos creer lo increíble, que Jesús fue convertido en pecado con

65

todas nuestras iniquidades a fin de que pudiésemos llegar a ser la justicia de Dios en Él. ¡Esta revelación quita el aliento!

¡No solamente salvos sino justificados!

Otro pasaje en Isaías revela un hermoso cuadro de este prodigioso cambio y de sus resultados:

«En gran manera me gozaré en Jehová, mi alma se alegrará en mi Dios; porque me vistió con vestiduras de salvación, me rodeó de manto de justicia, como a novio me atavió, y como a novia adornada con sus joyas» (Isaías 61:10).

El autor sagrado no dice: «Estaré feliz moderadamente» sino que escribe: «me gozaré». En hebreo, la palabra para gozo, regocijo, es *sous*.. Si usted quiere ser en realidad enfático, entonces duplique ese término: *sous asees*, «En gran manera me gozaré» en el Señor. ¿Por qué? Porque allí hubo una transacción doble.

Primero, Dios quitó las ropas inmundas de nuestro pecado y nos vistió con ropas de salvación. Es maravilloso tener puesto este traje salvador. ¡Pero no se detenga ahí! Dios también quiere cubrirnos con el manto de su justicia. Una de las versiones modernas, dice: «Me envolvió por completo con una ropa de justificación». No sólo puede usted ser salvo del pecado, también estar vestido con la justicia de Dios en nuestro Señor Jesucristo.

La palabra técnica en este caso es *justificado*. En el lenguaje bíblico *justificado* y *justo* vienen de la misma raíz. *Justificado* quiere decir «hecho recto» o también «vuelto justo».

Supongamos que se le juzga en la corte suprema del universo por un crimen que implica como cosa obligatoria la pena de muerte. Se sienta en espera del veredicto que, por último, llega en manos del presidente del jurado. Todos en la sala se ponen de pie y se oye la palabra: *inocente*.

Créame, ¡se emocionaría! Pero, usted no iba a ir de un lugar a otro ni pasaría al estrado de la corte para sacudir la mano del juez y decirle: «Su Señoría, muchas gracias, fue un lindo mensaje». Tampoco les diría a su cónyuge y a sus acompañantes: «Tuvimos una muy buena sesión esta mañana». No, nada de eso, mi querido señor. En cambio, estrecharía a su esposa entre los brazos, palmearía las espaldas de sus amigos, saltaría de arriba a abajo y gritaría a voz en cuello: «¡No soy culpable! ¡Soy inocente! ¡Soy libre!». Una intolerable carga habría caído de sus hombros.

Esto es lo que significa ser justificado. Mi caso se juzgó en la corte suprema de los cielos y el Juez acaba de pronunciar el fallo: *inocente*. Quedó en libertad absoluta; no hay culpabilidad alguna. Soy justo, ¡como si jamás hubiese cometido ninguna falta, ni mucho menos ningún pecado! ¡Soy por completo libre! Por tanto, no hay nada sobre lo que el diablo pueda señalarme con el dedo y decir: es culpable.

Cuando asistía con regularidad a una iglesia anglicana en Inglaterra, a mi crítica mentalidad adolescente no le parecía que las personas que recitaban las amadas y hermosas palabras del Libro de Oraciones, en realidad creyesen lo que decían. Hacía un cuadro mental de una de aquellas damas que, al salir del templo, dejaba caer su pañuelo de encaje. Corría detrás de ella para decirle: «Señora, aquí tiene el pañuelo que se le cayó». ¡Creo que se emocionaría mucho más al recuperar su trocito de tela que de todas las cosas que se hubieran dicho en la iglesia! ¿Por qué? *Simplemente porque todo cuanto oyó y dijo no se le hizo realidad.*

Con esto intento hacerle real a usted el hecho de estar justificado. Absolutamente nada en el libro de registros de los cielos aparece contra usted. Si guarda y mantiene su posición en Cristo, satanás no le podrá acusar de nada.

Defensa versus la culpa

El arma principal de satanás contra la humanidad es la culpa. Tenga mucho cuidado acerca de alguien o de algo que le haga sentir culpable; eso no viene de Dios. El Espíritu Santo «...convencerá al mundo de pecado, de justicia y de juicio» (Juan 16:8), pero eso es distinto sentirse culpable

Cuando el Espíritu Santo convence de pecado, dice: «Hiciste eso; está mal. Necesitas arrepentirte y volver al bien. Así lo debes hacer». Una vez que usted lo confiesa y se arrepiente y da los pasos necesarios para restituir, el asunto se cierra. No hay pensamientos posteriores, nada que debería hacer después o nada que no debiera haber hecho.

La culpa, sin embargo, jamás le permitirá saber si hizo lo suficiente. Quizá alguien puede percibir que no hubo un buen manejo hacia él o hacia ella y se sienta rechazado, molesto o herido. Con todo, no importa lo que le diga o le haga a esa persona; nunca es bastante. Así no trabaja el Espíritu Santo, que tiene otro origen; culpa es un poder maligno que viene de una fuente distinta.

Póngase en guardia, entonces, contra algo que le haga sentir culpable. Esto es negar la obra de la cruz, muy distinta de la convicción específica del Espíritu Santo. La culpa nunca termina; sigue y sigue. Nada de cuanto pueda hacer será preciso y adecuado. Si satanás persevera en sus intentos de hacerle sentir culpable, puede tomar como defensa esta preciosa promesa:

«Ninguna arma forjada contra ti prosperará, y condenarás toda lengua que se levante contra ti en juicio. Esta es la herencia de los siervos de Jehová, y su salvación de mí vendrá, dijo Jehová» (Isaías 54:17).

¡Qué magnífica noticia! ¡Nada que satanás diseñe como arma en su contra tendrá éxito! Entonces, a tranquilizarse.

El diablo puede seguir en el uso del arma de la culpa contra usted, pero con toda certeza, al final fracasará.

Note también que Dios no dice que condenará toda lengua que se levante en su contra; dice que *usted* mismo lo hará. Con base en lo que Jesús hizo por usted en la cruz, debe rechazar todas las acusaciones de satanás y negarse a caer bajo la culpa y la condenación. Después de todo, no se desafía su justicia sino la de Dios que se le transfirió a usted. Sobre esa base, puede rechazar toda acusación que se le atribuya. No es culpable. ¡Recuerde el manto de justicia que le cubre! No importa desde qué ángulo el diablo se le acerque. Todo lo que puede ver es la justicia de Cristo que le resguarda y lo recubre. Y esto lo resume así el apóstol:

«Ahora, pues, ninguna condenación hay para los que están en Cristo Jesús» (Romanos 8:1).

Se debe recordar que este capítulo de la Carta a los Romanos es el cuadro de la vida controlada por el Espíritu. El versículo que se acaba de citar es el ingreso a esa vida: *no hay condenación alguna.* No es posible vivir una existencia bajo el dominio del Espíritu Santo mientras se está bajo condenación. ¡Dios afirma que es usted quien debe condenarla! ¿Por qué? Porque a Jesús se le hizo pecado con toda nuestra pecaminosidad a fin de que pudiésemos ser justificados con su justicia.

Por otra parte, en el Apocalipsis hay un cuadro del conflicto final de los tiempos entre el pueblo de Dios y el reino de satanás:

«...ha venido la salvación, el poder, y el reino de nuestro Dios, y la autoridad de su Cristo; porque ha sido lanzado fuera el acusador de nuestros hermanos, el que los acusaba delante de nuestro Dios día y noche» (Apocalipsis 12:10).

Qué cuadro, creo que perdura en el futuro, habrá permanente acusación ante el trono de Dios. En efecto, satanás nos acusa de seguido delante del Señor, pues espera demostrar que somos culpables. Entonces, ¿cómo vencemos a nuestro acusador?

«...le han vencido por medio de la sangre del Cordero y de la palabra del testimonio de ellos...» (Apocalipsis 12:11).

Cuando testificamos personalmente lo que la Palabra de Dios dice que la sangre de Jesús hace por nosotros, y lo que Dios hizo, satanás no tiene respuestas.

Confesar el cambio

Uno de los métodos más simples y más prácticos para apropiarse de la obra de Dios, según apunté en el último capítulo, es agradecerle a Dios por eso, confesarla con la boca. De nuevo, entonces, proclame este tercer cambio bajo la forma de una confesión verbal:

A Jesús se le convirtió en pecado con toda mi pecaminosidad a fin de que pudiera ser justificado con su inefable y misericordiosa justicia.

¡Gracias, Señor Jesús, por hacerme justo!

Capítulo seis
VIDA EN LUGAR
DE MUERTE

Hasta el momento hemos cubierto tres aspectos vitales del cambio ordenado por Dios Padre cuando el Hijo Jesús murió en la cruz.

- *A Jesús se le castigó para que yo pudiese ser perdonado.*

- *A Jesús se le hirió para que yo pudiese ser sano.*

- *A Jesús se le hizo pecado con toda mi pecaminosidad a fin de que yo pudiese ser hecho justo con su justicia.*

Ahora volvemos al cuarto aspecto del cambio, que es muy sencillo, pero que es al mismo tiempo muy poderoso: *Jesús padeció nuestra muerte para que pudiésemos compartir su vida.*

Al Señor Jesús le costó su vida a fin de hacérnosla disponible para todos nosotros. Recordemos, pues, sus palabras: «El ladrón no viene sino para hurtar y matar y destruir; yo he venido para que tengan vida y para que la tengan en abundancia» (Juan 10:10).

Hay una enorme diferencia entre lo que Jesús nos da y lo que merecemos: «Porque la paga del pecado es muerte, mas la dádiva de Dios es vida eterna en Cristo Jesús Señor nuestro» (Romanos 6:23). Aquí hay un contraste deliberado entre el salario y un don gratuito. La paga se gana por lo que hicimos. Recibirla es justicia; cualquiera que retiene el salario de alguien es injusto. Sin embargo, un don gratuito es algo que nadie puede ganar. Por tanto, seríamos necios si dijésemos: «Todo lo que queremos es justicia». Si usted quiere justicia, Dios que es absolutamente justo, se la dará. La justicia pide o exige que reciba su paga; y la paga es muerte.

Loren Cunningham cuenta que cierta dama, muy orgullosa de sí misma, fue a un salón fotográfico e hizo que le tomaran una serie de fotos para elegir un retrato. Más tarde, cuando regresó al estudio para mirar las pruebas, no le gustó lo que vio. «¡Esas fotografías no me hacen justicia!», le dijo al fotógrafo. Éste la observó con atención, y le respondió: «Señora, usted no necesita justicia, ¡necesita misericordia!».

Desde entonces, siempre pienso en este relato. Y con suma frecuencia me digo: *no necesito justicia; necesito misericordia.*

La misericordia es una alternativa para la justicia. Si usted declina su salario, entonces califica para recibir el don gratuito que no se puede ganar, la vida eterna que está a nuestra disposición por cuanto Jesús aceptó la paga del pecado que era nuestra y la recibió en lugar de nosotros, según es posible leer: «… vemos a aquel que fue hecho un poco menor que los ángeles, a Jesús, coronado de gloria y de honra a causa del padecimiento de la muerte, para que por la gracia de Dios gustase la muerte por todos» (Hebreos 2:9). ¡El Señor probó y experimentó la muerte por usted y por mí!

Por favor, recuerde el capítulo 3 donde vimos que Jesús, al probar la muerte a favor de todos y cada uno de los descendientes de Adán, fue «el postrer Adán» (1 Corintios 15:45) y también «el segundo hombre» (v. 47). Como el último Adán, acabó con toda la herencia malvada y perversa que se debía a Adán y a todos sus descendientes, donde nos incluimos usted y yo. Cuando Jesús murió, dijo: *consumado es*. Es decir, ya es el fin. Cuando fue al sepulcro, aquella herencia maligna también. Se levantó de nuevo como el segundo Hombre, la cabeza de una raza nueva. Jesús sufrió nuestra muerte para que pudiésemos compartir su vida.

Nos es necesario, como cosa de importancia básica, volver al Antiguo Testamento a fin de entender con toda precisión la naturaleza de este cambio.

El sobrepago de Dios por nuestra redención

Si me permiten, quisiera desarrollar un concepto que, si lo pueden asimilar, les ayudará en el objetivo de apropiarse más de la vida de Dios y hacer que Jesús sea más precioso para todos. Para este objeto es necesario hacer referencia a ciertas palabras que en las Escrituras se traducen con el vocablo *vida*. Vayamos, entonces, a los principios de la justicia divina, según fueron dispuestos en la Ley de Moisés.

Un alma por otra

«Mas si hubiere muerte, entonces pagarás vida por vida, ojo por ojo, diente por diente, mano por mano, pie por pie, quemadura por quemadura, herida por herida, golpe por golpe» (Éxodo 21:23–25). Este pasaje trata de las lesiones injustas que se causan a otro individuo. Como para resumir, algo de valor equivalente se debe dar para reemplazar lo destruido.

Las versiones a veces opacan el significado de las palabras tanto en el Antiguo como en el Nuevo Testamento. De hecho, en este caso una revelación grande y básica del Antiguo Testamento se oscureció en la traducción. Veamos las implicaciones de la voz *vida* en la primera frase, *pondrás vida por vida*.

El griego del Nuevo Testamento tiene tres palabras completamente distintas que, en casi todas las versiones, se traducen como «vida»: *psuche*, que es alma; *zoe*, que es la vida eterna; y *bios*, que se refiere a la vida natural. En el hebreo del Antiguo Testamento hay un término muy interesante, *nefesh*, que significa en principio «alma» o «vida» o «persona». Cuando en la Santa Biblia leemos que «...fue el hombre un ser viviente» (Génesis 2:7), se emplea el vocablo *nefesh*. A partir de la unión del Espíritu Santo de Dios y el polvo de la tierra, emergió algo totalmente nuevo: Adán, una persona, una vida nueva, una personalidad nueva, *nefesh*.

Cuando Éxodo 21:23–25 habla de «vida por vida», en hebreo es *nefesh por nefesh*, alma por alma. Si una persona pierde la vida en un crimen, por ejemplo, la otra alma debe pagar la pena con su vida.

Comparemos con este pasaje: «Y no le compadecerás; vida por vida, ojo por ojo» (Deuteronomio 19:21). Es el mismo principio: *nefesh* en lugar de *nefesh*, un alma en lugar de otra alma.

El alma está en la sangre

¿Qué es el alma? La Biblia nos da la respuesta a medida que Dios nos habla en un versículo profético maravilloso:

«Porque la vida de la carne en la sangre está, y yo os la he dado para hacer expiación sobre el altar por vuestras almas; y la misma sangre hará expiación de la persona» (Levítico 17:11).

En las palabras iniciales, *la vida de la carne*, el hebreo dice: *nefesh por vida*. El «alma» de todo ser vivo está en la sangre.

¿Qué significa esto? El hombre tiene espíritu y alma y cuerpo. Cuando el espíritu se va, cesa la respiración. Cuando el alma se marcha, la sangre ya no fluye más. El alma de la carne, del cuerpo, está en la sangre. Y también, Dios dice: «Yo mismo se la he dado a ustedes —el alma o la vida— sobre el altar para que hagan expiación por sus almas». En otras palabras, un alma hace expiación por otra. Como el alma reside en la sangre, ésta se debe derramar en la expiación; dar una vida por otra.

Ahora volvemos al gran pasaje de la expiación del profeta Isaías. En la porción final del capítulo, para terminar la sección acerca de cuanto el Siervo del Señor cumplió en sus sufrimientos, leemos esto:

«Verá el fruto de la aflicción de su alma, y quedará satisfecho; por su conocimiento justificará mi siervo justo a muchos, y llevará las iniquidades (los pecados) de ellos. Por tanto, yo le daré parte con los grandes, y con los fuertes repartirá despojos; por cuanto derramó su vida hasta la muerte, y fue contado con los pecadores, habiendo él llevado el pecado de muchos, y orado por los transgresores» (Isaías 53:11–12).

Como se ve, la traducción dice *vida* en lugar de *alma*. «Derramó su vida hasta la muerte». Pero en hebreo leemos *nefesh*. *Alma* es, sin duda alguna, una traducción mejor. ¿Cómo hizo Jesús para derramar su alma hasta la muerte? Por medio de su sangre. Su alma se dio a favor de toda la humanidad, mientras Jesús sangraba y moría en la cruz.

Personalmente, a medida que leo cada vez el relato de la crucifixión, tengo la certeza que el cuerpo de Jesús quedó en la práctica vacío de sangre. Laceraron su espalda. Forzaron a golpes la entrada de la corona de espinas en la cabeza. Le atravesaron las manos y los pies. Es decir, sangraba de un modo profuso. Luego, después de haber exhalado el último suspiro, un soldado romano, con una lanza, le perforó el corazón, y de allí brotó sangre y agua. Fue como si toda la sangre de su cuerpo se derramara hasta la última gota en la cruz. Esta fue la ofrenda de su alma, como el último Adán, a favor de toda la raza adámica.

Aprecie de la sangre de Jesús

Debido a mis antecedentes de formación en lógica, puedo aceptar doctrinas por fe y creerlas; sin embargo, más pronto o más tarde quiero que tengan por lo menos un cierto sentido lógico. Entonces, sólo cuando principié a meditar sobre la verdad acerca de estar el alma en la sangre, este concepto llegó a ser vivo, lógico y evidente dentro de mí.

Por años había creído en la expiación; que Jesús fue la ofrenda por el pecado. Sabía que esta ofrenda suministró perdón para toda la humanidad. Pero luego pensé en *cómo* el alma del Hijo de Dios se dio a favor del género humano. Consideré que la vida de Dios el Creador es infinitamente más valiosa que la vida de todas las criaturas que Él haya podido crear jamás. El alma del Hijo de Dios fue expiación más que suficiente por todas las almas de toda la raza humana. Con justa razón, en la Biblia leemos: «Espere Israel a Jehová, porque en Jehová hay misericordia, y abundante redención con él» (Salmo 13:7). Para decirlo con otras palabras: ¡Dios no sólo pagó sino también sobrepagó por nuestra redención!

Si logra fijar este concepto, hará que Jesús sea infinitamente más precioso en su vida. Su única alma, excelente y sublime, que Él entregó en la cruz, por medio de su sangre, fue la ofrenda para redimir a toda la raza humana, de acuerdo con el principio que vimos: un alma por un alma.

Por tanto, debemos ser muy cuidadosos, pero muy cuidadosos, cuando hablemos de la sangre de Jesús. Escuché incluso a ministros evangélicos y carismáticos decir: «La sangre fue «negativa», simplemente pagó el precio del pecado».

No creo eso y le aconsejo a usted jamás mantener en su mente un pensamiento semejante o devaluar la sangre de Jesús. Infortunadamente, la Iglesia está hoy inundada con toda clase de enseñanzas sin base bíblica. Algunas denominaciones hasta ya quitaron de sus himnarios toda referencia a la sangre de Jesús. ¿Quién está detrás de todo esto? ¡Ciertamente no es Dios!

Recordemos este pasaje de la Biblia: «… la vida de la carne en la sangre está…y la misma sangre hará expiación de la persona» (Levítico 17:11). La vida no es negativa, ¿o sí lo es? La vida es lo más positivo que jamás puede usted encontrar. La vida de Dios está en la sangre de Jesús; y el cielo mira con aborrecimiento aquello que la menosprecie, por cuanto fue testigo del sacrificio en el que Jesús derramó cada gota de su sangre, y su vida.

Además, creo que cuando expresamos nuestra gratitud por la sangre de Jesús, atraemos el poder del Espíritu Santo. Recordemos el precioso himno de Charles Wesley: «¡Levántate alma mía, levántate!», donde se halla esta línea: «El Espíritu del Señor responde a la sangre». Cuando proclamamos la verdad acerca de la sangre de Jesús, el Espíritu Santo dice: «Allí quiero estar. Estas personas dicen cosas que me gusta oír».

Alimentarse con la sangre de Jesús

El discípulo amado, en su Evangelio, nos dejó estas palabras del Señor:

«El que come mi carne y bebe mi sangre, tiene vida eterna; y yo le resucitaré en el día postrero. Porque mi carne es verdadera comida, y mi sangre es verdadera bebida. El que come mi carne y bebe mi sangre, en mí permanece, y yo en él» (Juan 6:54–56).

Este pensamiento disgustó tanto a ciertos seguidores del Señor que, desde entonces, se apartaron de Él. Y aún crea antagonismos a muchas personas en el día de hoy. Después de todo, hay algo más bien ofensivo en la sangre. Siempre que pienso en la sangre, mi estómago principia a revolverse. Cuando era niño, no podía verla, pues de inmediato me daba vómito. Necesité muchos años para vencer esa repugnancia. En todos nosotros hay algo que nos impide el pensamiento de considerarla como objeto de espectáculo agradable.

Sin embargo, algunas cosas ofensivas son necesarias. La cruz es una ofensa; pero, sin ella no hay redención ni tampoco esperanza. Nuestra esperanza depende por completo en los méritos de la sangre de Jesús.

«Jesús les dijo: De cierto, de cierto os digo: Si no coméis la carne del Hijo del Hombre, y bebéis su sangre, no tenéis vida en vosotros» (Juan 6:53).

¡Por qué? Porque la vida está en la sangre. Para que tengamos vida, debemos alimentarnos de Jesús. Debemos apropiarnos de lo que hay en su sangre.

La única Persona en el universo que tiene vida en sí es Dios. Ninguno de nosotros tenemos vida en nosotros mismos, por cuanto nadie tiene el origen de la vida en el interior. En lo que se relaciona con la vida, todos y cada uno dependemos de alguna otra fuente.

En realidad, esa es la misma esencia de la voz *nefesh*. La palabra describe una vida que no se inicia, pues depende de otro. A Adán se le hizo alma viviente. Su vida dependió del aliento de Dios que se le insufló dentro de él. Por eso la Biblia, dice: «Fue hecho el primer hombre Adán alma viviente; el postrer Adán, espíritu vivificante» (1 Corintios 15:45). Dios le concedió a Jesús tener vida en sí mismo.. Jesús da vida.

Al comenzar este capítulo, se hizo énfasis en las palabras de Jesús: «...yo he venido para que tengan vida y para que la tengan en abundancia. (Juan 10:10). Todos dependemos de Dios para la vida y el único canal de vida eterna que Dios nos dio es la sangre de Jesús. Si queremos vida, es imperativo reconocer que nos viene mediante la sangre de nuestro Señor y Salvador. Entre más aprenda a meditar en ella, a honrarla y apropiársela, entonces su vida vendrá a ser mucho más completa y más abundante.

¿Cómo nos alimentamos con la sangre de Jesús?

Comencé mi ministerio en 1946, en la tierra de Israel, en lo que era entonces una pequeña aldea árabe, llamada Ramallah. Aunque nunca he podido hablar árabe con fluidez, ese era el idioma que usábamos en el hogar. De este modo aprendí que cuando los árabes desean tomar la Cena del Señor, dicen: «Bebamos la sangre de Jesús». Entonces, maduré, en cierto sentido, gracias al concepto que tomar la Cena del Señor es beber su sangre. Según lo entiendo, esa es una forma de apropiarnos la vida del alma de Jesús que Él nos hizo disponible.

Cuando Jesús murió en la cruz y derramó toda su sangre, ustedes ven, la vida de Dios se liberó en el universo. Se hace accesible ahora a cualquiera que la reciba por medio de la fe en Jesús. Hasta ese momento, la vida de Dios estaba confinada dentro de Dios.

¡El pensamiento de lo que tuvo lugar, cuando Jesús murió en la cruz, produce perplejidad en la mente humana! En su sangre, que se vertió gratuitamente, se liberó la vida total de Dios que nos es disponible sólo por su sangre. No hay ningún otro canal de vida aparte de su sangre bendita.

Durante los veinte años de matrimonio que tuve con Ruth, llevamos una vida bastante nómada. Viajábamos con mucha frecuencia y por rara vez pasamos algún tiempo como residentes en una sola localidad. Descubrimos que podíamos introducir una cierta medida de estabilidad en nuestras vidas al establecer ciertas prácticas que seguíamos todos los días. Una que llegó a sernos muy preciosa, consistió en recibir juntos la comunión, en la mañana, antes de comprometernos en todas las actividades del día. Como sacerdote de mi hogar, por tanto, servía a Ruth la comunión cada mañana y hacíamos esta confesión juntos: «Te agradecemos, Padre Celestial, que en la sangre de Jesús recibimos la vida de Dios, vida eterna, divina e interminable». Esto creímos en todos esos años, y todavía lo creo hoy.

Confesión del cambio

¿Quiere proclamar usted este cuarto cambio a través de la siguiente confesión verbal?

Jesús sufrió mi muerte para que yo pudiese compartir su vida..

¡Gracias, Señor Jesús, por darme tu vida!

Capítulo siete
BENDICIÓN EN LUGAR
DE MALDICIÓN

Ahora vamos a observar el quinto aspecto del cambio en la cruz: pasar de maldición a bendición. Esto lo explica con suma claridad el apóstol:

«Cristo nos redimió de la maldición de la ley, hecho por nosotros maldición (porque está escrito: Maldito todo el que es colgado en un madero), para que en Cristo Jesús la bendición de Abraham alcanzase a los gentiles, a fin de que por la fe recibiésemos la promesa del Espíritu» (Gálatas 3:13–14).

Aquí está el cambio: *toda maldición que pudo venir sobre nosotros cayó sobre Jesús, para que todas las bendiciones que merecía Él, pudieran estar disponibles para nosotros.* En realidad, a Jesús se le convirtió en maldición en lugar nuestro, a fin de que pudiésemos recibir «la bendición de Abraham».

¿De qué manera Dios bendijo a Abraham? La respuesta, muy simple, se revela en la siguiente cita: «Era Abraham ya viejo, y bien avanzado en años; y Jehová había bendecido a Abraham *en todo*» (Génesis 24:1). Por tanto, su bendición cubre todas las diversas áreas de nuestras vidas y ese tipo de bendición se nos hizo viable mediante la fe en el cambio que ocurrió cuando a Jesús se le volvió maldición por nosotros en la cruz.

Con el objeto de principiar el análisis de las maldiciones y las bendiciones es necesario volver al comienzo de este capítulo, donde aparece el versículo inicial:

«¡Oh gálatas insensatos! ¿Quién os fascinó para no obedecer a la verdad, a vosotros ante cuyos ojos Jesucristo fue ya presentado claramente entre vosotros como crucificado?» (Gálatas 3:1).

Y, luego, unas pocas líneas más adelante, Pablo les recuerda a los cristianos de Galacia a Aquel que «...os suministra el Espíritu, y hace maravillas entre vosotros, ¿lo hace por las obras de la ley, -o por el oír con fe?» (Gálatas 3:5). En un lenguaje contemporáneo, podríamos decir que eran creyentes carismáticos; es decir, llenos del Espíritu. Y con todo, el apóstol les dice que estaban embrujados. ¡Qué afirmación tan sorprendente! ¿Por qué dijo eso?

Porque habían perdido su perspectiva de la cruz. «A ustedes se les presentó (retrató) a Jesucristo crucificado con toda claridad», escribió Pablo, pero algo sucedió que les hizo oscurecer la visión de la cruz. De hecho, una fuerza perversa, maligna y satánica logró entrar y les pudo cerrar el entendimiento de la cruz. Al usar la palabra *embrujó* —que en griego es *baskaino*—, Pablo se refería a esa fuerza como la hechicería.

El engaño de la hechicería

Ahora no entraré a analizar aquí la hechicería, pero es de importancia comprender que ser salvos o llenos del Espíritu Santo o ver milagros no nos garantiza que estemos exentos del engaño. Incluso es posible que las fuerzas satánicas se muevan entre los cristianos con el objeto principal de oscurecer la cruz. Si perdemos la visión de la cruz —la única base de la providencia total de Dios para nosotros— ya no tendremos más un fundamento para ese suministro.

Por otra parte, en la cruz, el Señor Jesús derrotó a satanás y a su reino. En efecto, el autor sagrado dice: «Y despojando a los principados y a las potestades, los exhibió públicamente, triunfando sobre ellos en la cruz» (Colosenses 2:15). Jesús los desarmó para convertirlos en un espectáculo vergonzoso al vencerlos en el Calvario.. Jamás satanás podrá deshacer la derrota que recibió por medio de la cruz. Pero su estrategia astuta y artera consiste en mantener a los cristianos distraídos, sin que se den cuenta de lo que se cumplió para siempre allí.

Pablo comienza casi todas sus epístolas con una voz de gratitud a Dios por lo que hizo a favor de los destinatarios de sus cartas. Es más, cuando se vio obligado a reprender a la iglesia de Corinto por incesto, adulterio y ebriedad en la mesa del Señor, empezó su primer mensaje a los corintios con un agradecimiento al Omnipotente por todo lo que la gracia divina les daba (1 Corintios 1:4). Sin embargo, cuando escribe a los cristianos de Galacia, dejó ver su tremenda preocupación por ellos casi de modo inmediato: «Estoy maravillado de que tan pronto os hayáis alejado del que os llamó por la gracia de Cristo, para seguir un evangelio diferente» (Gálatas 1:6). ¿Cuál era el problema? No era exceso de vino, ni tampoco inmoralidades en el área sexual. El problema era el legalismo. Pablo estaba mucho más descompuesto y molesto acerca del legalismo que acerca de cualquier pecado de la carne.

Dos resultados

Los resultados de esta brujería fueron dobles. Primero, los hermanos de Galacia se hicieron *carnales*.. En su carta a esta iglesia, Pablo brinda una muy seria advertencia sobre las

83

obras de la carne: inmoralidad, impureza, etc. (Gálatas 5:13–24). La hechicería debió abrir el camino para tales pecados de la carne. Como perdieron la visión de la cruz, los miembros de la iglesia vinieron a ser muy legalistas. Buscaban cumplir o alcanzar la justicia y la rectitud al guardar y observar un juego de modelos o prescripciones y normas.

Permítanme dar dos definiciones simples de legalismo.

1) *El legalismo es el intento de tener éxito en la búsqueda de la justicia con Dios al pretender seguir una serie de reglas que Dios descartó para siempre.* Una vez hablaba con un grupo grande de cristianos e hice una casual afirmación: «Desde luego, el cristianismo no sigue un patrón de normas prefijadas». Me miraron con asombro. Supongo que si les hubiese dicho que no hay Dios, habrían estado menos confundidos. Sin embargo, esto es una poderosa verdad: el cristianismo *no es* un juego de pautas. Guardar y seguir modelos no es el camino para tener éxito en cumplir con la justicia de Dios.

2) *El legalismo consiste en agregar a la justicia requisitos que Dios no autorizó en su Palabra.* Nadie jamás ha recibido autorizaciones para añadir algo a lo que Dios estipula en las Escrituras. Las precisiones y requerimientos del Altísimo se fijan en textos como el que se refiere a Abraham: «…también su fe le fue contada por justicia. Y no solamente con respecto a él se escribió que le fue contada, sino también con respecto a nosotros a quienes ha de ser contada, esto es a los que creemos en el que levantó de los muertos a Jesús, Señor nuestro, que fue entregado por nuestras transgresiones, y resucitado para nuestra justificación» (Romanos 4:22–25). Recuérdese que «justificado» quiere decir «como si nunca hubiese pecado». ¡No olvide la palabra *justificación*! No se necesita nada más. Y a nadie se le concedió permiso o autorización para añadir algo a la Palabra

de Dios. Con todo, la iglesia de Galacia se volvió tanto carnal como legalista. Y también se puso bajo maldición, que es siempre el destino final de quienes se apartan del evangelio de la gracia para ponerse bajo uno de obras. Pablo resume este pensamiento así:

«Porque todos los que dependen de las obras de la ley están bajo maldición, pues escrito está: Maldito todo aquel que no permaneciere en todas las cosas escritas en el libro de la ley, para hacerlas» (Gálatas 3:10).

Si para alcanzar la justicia de Dios, usted decide guardar un juego de leyes y luego quebranta cualquier ley en cualquier punto, queda bajo esa maldición. Está obligado a guardar toda la ley, todo el tiempo o de otra forma no le aprovechará para nada en lo referente a la justicia.

La salida

Afortunadamente, Pablo no se detuvo en el problema. En cambio de quedarse en el problema y en sus enormes consecuencias, bajo la inspiración del Espíritu Santo, nos reveló una vía para salir de la maldición.

Si usted piensa en el cuadro en el que Jesús muere en la cruz, no querría estar bajo ninguna maldición. En el Calvario, el Señor Jesús fue colgado en vergüenza y agonía, olvidado por sus discípulos, rechazado por su propio pueblo, sin absolutamente nada en este mundo, abandonado por el cielo, bajo una oscuridad sobrenatural, mientras emite un terrible clamor de amargura, congoja y angustia. Ese es el resultado íntegro y completo de la maldición.

Hoy el problema reside en que casi todos los cristianos no tienen un concepto claro de lo que representa una maldición, cómo obra, e incluso cómo reconocerla. Si enfermamos, por lo general sabemos que estamos así.. Si pecamos, probablemente sabemos que lo hicimos. Pero, cuando estamos bajo alguna maldición, es bien probable que no entendamos, ya sea la naturaleza de nuestro problema o cómo tratar con esa dificultad.

Sin embargo, esto se cumplió gracias al quinto cambio ordenado y dispuesto por la voluntad divina: podemos ser redimidos de la maldición, porque a Jesús en la cruz se le convirtió en maldición, a fin de que pudiésemos ser redimidos de todas las maldiciones y entrar en el campo de la bendición de Abraham, que cubre todas las diversas áreas de nuestra vida.

Ahora daré el cuadro general de la maldición, y luego procuraré explicar cómo salir de esa maldición.

La naturaleza de las maldiciones y de las bendiciones

Este es un tema muy vasto. ¡Nunca me di cuenta cuán amplio era sino hasta cuando me vi envuelto en él! Diría que las lecciones que aprendí en este contexto hicieron un impacto más poderoso en las personas que cualquier otro mensaje que Dios me haya dado. Es una revelación que cambia vidas.

Las bendiciones y las maldiciones son, en su esencia, palabras. Pueden ser escritas, o dichas o tan sólo estar en el pensamiento. Mas son palabras con una carga de autoridad y poder sobrenaturales, como indica la Biblia: «La muerte y la vida están en poder de la lengua, y el que la ama comerá de sus frutos» (Proverbios 18:21).

Moisés, en Deuteronomio 28, da una lista tanto de bendiciones como de maldiciones. Los primeros catorce versículos del capítulo ilustran las bendiciones. Los restantes cincuenta y cuatro pintan las maldiciones. Es una lista larga y horripilante. Nadie, en su cabal juicio, querría tener así sea una parte mínima de esa enumeración.

Las bendiciones y las maldiciones cambian y afectan de modo dramático a las personas, para bien o para mal. Con suma frecuencia, las maldiciones pasan de una generación a otra hasta cuando se hace algo para terminarlas. En la Biblia hay bendiciones y maldiciones que han tenido efectos por cuatro mil años, y cuyas consecuencias todavía siguen el día de hoy.

¿Por qué debemos preocuparnos con esto? Porque en nuestras vidas quizá haya problemas cuyo origen no podemos percibir, pero que es posible rastrear hacia atrás en la historia, de pronto, incluso, a estirpes anteriores. Es probable enfrentarse a una dificultad sin que se sepa cómo tratarla, hasta cuando se identifique su naturaleza. De nuevo, una de las características distintivas —tanto de bendiciones como de maldiciones— está en su continuidad. No necesariamente para siempre, pero a menudo por múltiples generaciones.

En los Diez Mandamientos, por ejemplo, Dios dijo que si adoramos dioses falsos o si hacemos imágenes, Él, que es Dios fuerte y celoso, visitará la maldad de los padres sobre los hijos hasta la tercera y cuarta generación de los que le aborrecen (Éxodo 20:5). Esto es típico de una maldición. Como me fue posible tratar en el sureste de Asia, con muchísimas personas, cuyos antepasados (tres o cuatro generaciones atrás) fueron idólatras, fui testigo de cuán cierto es esto. ¡También vi la tremenda efectividad al liberarlos de esa maldición!

Vienen aquí unos resúmenes de las bendiciones y las maldiciones de Deuteronomio 28. Le sugiero que lea el capítulo para usted mismo y decida si está de acuerdo con mi resumen. Primero las bendiciones:

1. *Exaltación personal.* Me refiero con esto a ser elevado, honrado y distinguido de alguna manera.

2. *Reproductividad*. Uso esta palabra para describir a una persona que se reproduce o que es fructífera en todas las áreas de la vida.

3. *Salud*. Quizá usted no aprecia cuánta bendición hay en la salud sino hasta cuando está enfermo; y entonces quisiera haber agradecido a Dios con más frecuencia por el don de estar sano.

4. *Prosperidad o éxito*. La prosperidad en la Biblia no significa lo que piensan los modernos estadounidenses. No es un vivir con lujos ni tampoco en una abundancia de placeres físicos sino cumplir el propósito de Dios y hacer su voluntad. En Josué 1:8 el Señor le prometió a Josué que en todo lo que hiciera sería prosperado y que todo le saldría bien. Sin embargo, el líder de los israelitas pasó muchos de los años siguientes en combates, siempre expuesto a peligros en campos abiertos y con la vida azarosa de un soldado en una guerra constante.

5. *Victoria*. La bendición trae triunfo en todo conflicto que enfrentemos según la voluntad de Dios.

6. *Ser cabeza y no cola*. Unos cuantos años atrás le pedí al Señor que me dijera la diferencia entre cabeza y cola. Me dio una respuesta muy sencilla: *la cabeza toma las decisiones; la cola se arrastra alrededor*. Ahora, permítame preguntarle: ¿Vive usted como cabeza o como cola? ¿Es usted el que decide? ¿Sus planes se cumplen con éxito? ¿O es usted víctima de presiones, fuerzas y circunstancias que le arrastran a una parte y otra, sin que sepa qué esperar luego?

7. *Estar encima y no debajo*. Esto se une en forma muy estrecha con el hecho de ser cabeza o cola.

Las maldiciones de Deuteronomio 28, como es natural, no son otra cosa que todo lo que se opone a las bendiciones:

1. *Humillaciones.*

2. *Fracaso en reproducirse o esterilidad* (lo opuesto a la reproductividad). Casi, de modo invariable, la esterilidad es producto o consecuencia de una maldición.

3. *Enfermedades de todo tipo.* Una categoría de enfermedad, que es particularmente indicativa de una maldición, es aquella que se llama hereditaria, que pasa de una generación a otra. No es raro que una entidad con este origen, «salte» de abuelos a nietos.

4. *Pobreza, fracasos económicos, miseria.*

5. *Derrota.* Justamente lo contrario a la bendición de la victoria.

6. *Ser cola y no cabeza.*

7. *Estar debajo y no encima.*

Siete indicadores de una maldición

Ahora, daré siete puntos elementales que indican una maldición. Esto lo aprendí de mis observaciones al tratar con personas, independientemente de Deuteronomio 28 (¡pero es de destacar cuántas veces concuerdan!). Si tiene usted uno solo de estos problemas, puede ser o puede que no sea una maldición. Si tiene varios, casi con certeza está bajo una maldición.

1. *Quebrantamiento o derrumbe mental o emocional.*

2. *Enfermedad crónica o repetida, sobre todo si su carácter es hereditario, que es la naturaleza de una maldición.*

3. *Problemas femeninos (esterilidad, abortos espontáneos, partos prematuros, sufrimiento menstrual y toda una hueste de otras dificultades de este tipo).* Cuando ministro a una persona enferma, y si es una mujer que tiene uno de estos inconvenientes, sin más supongo que es una mal-

dición, y rara vez me equivoco. Tengo una verdadera pila de testimonios de mujeres que fueron por completo libres de tales condiciones después de cancelar una maldición que había sobre sus vidas.

4. *Fracasos matrimoniales, desintegración familiar.* Algunos cónyuges simplemente no se pueden mantener en unidad matrimonial. Maridos y mujeres se divorcian una y otra vez, contraen nuevas bodas y a menudo se vuelven a divorciar. Los hijos también sufren las consecuencias de estos hogares descompuestos y ya, como adultos, no tiene nada de raro que repitan el ejemplo de los padres.

5. *Insuficiencia financiera.* Casi todos hemos tenido tiempos de dificultades económicas. No soy una excepción. Pero si usted lucha y nunca tiene lo suficiente, eso probablemente sea una maldición.

6. *Propensión a accidentes.* Si es una de esas personas a las que siempre le ocurren peripecias desagradables por sus consecuencias físicas —se resbala en la acera y se luxa el tobillo o se cae y se fractura la mano; si está en su automóvil y alguien lo atropella y lo choca— es bien probable que se halle bajo una maldición. Una frase característica sería: «¿Por qué eso siempre tiene que sucederme?».

7. *Familias con historias de suicidios o muertes no naturales.*

Tengo una idea que es algo así como sufrir una experiencia bajo una especie de responsabilidad o cargo, pues Dios me arrojó a este ministerio y me hizo ir alrededor del mundo a lugares muy diversos y a una gran cantidad de personas que, en ocasiones, sirvieron como objeto de lecciones.

Una maldición es algo así como una sombra oscura que viene desde atrás. Quizá no sabe qué origen tiene; es probable que ni siquiera se haya iniciado en el curso de su vida.

Quizá haya alguna relación con los antecedentes de su familia. Sin embargo, se extiende sobre su existencia e impide que le llegue la «luz solar» de la bendición de Dios. Es posible que vea a otras personas a su alrededor bajo la luz del sol, pero rara vez la puede disfrutar. Puede no tener idea de lo que viene desde el ayer y mucho menos cuál sea la causa.

Podría comparar una maldición con un largo brazo perverso que se extiende desde hace tiempo para tocarle. A cada momento, esa cosa maligna va con la persona la arroja con violencia o lo empuja para sacarlo del camino.Combate con tenacidad, hasta llegar a un punto en el que dice: «¡Ya lo tengo todo!». Sin embargo, precisamente en ese instante, algo acontece y el éxito se le desliza de entre los dedos. Usted seguirá atraves de un camino doloroso y retrosede luego, una vez más la fuerza maligna se levanta. Esto se convierte en un patrón repetitivo en su vida. Si mira atrás, hacia sus padres o abuelos o algún otro pariente, reconoce entonces ese mismo tipo de modelo también.

De modo más que obvio, una maldición no siempre hace a alguien carente de éxito.

Recuerdo a una dama que conocí en el sureste de Asia. Su familia era noble y muy distinguida. Contaba con una educación completa y una serie de logros profesionales. Fue a buscarme después de una conferencia que dicté sobre el tema de las bendiciones y las maldiciones.

«No coincido con su descripción —me dijo—, porque siempre he tenido muchos éxitos». Pero luego, agregó: «Me siento muy frustrada. Creo en Jesús, y sin embargo nunca parezco conseguir aquellas cosas que se supone pertenecen a los creyentes».

Después de hablar con ella durante unos pocos minutos, descubrí que descendía de una larga línea de antepasados idólatras y le señalé que este era probablemente la naturaleza de sus dificultades. Se comprobó que así era el caso. Entonces, cuando identificó la raíz del problema y satisfizo las condiciones de Dios, pudimos dejar sin efecto la maldición asociada con la idolatría de sus antecesores.

La esencia de una maldición se condensa en una palabra: *frustración*. Puede carecer de éxito y sentirse frustrado, o quizá tiene mucho éxito, mas igual experimenta suma frustración. En el mundo actual hay gran cantidad de personas que ostentan diversos éxitos, pero que al mismo tiempo viven muy frustrados.

¿Qué origina una maldición?

Voy a dar ocho posibles causas a fin de discernir el motivo para que una maldición caiga sobre una persona.

1. Idolatría

La causa primaria de todas las maldiciones es la idolatría; quebrantar los dos primeros de los Diez Mandamientos. La idolatría incluye todo el ámbito de lo oculto, inevitable e invariablemente resulta en una clase de maldición. Los que exploran el campo de lo oculto —a veces sin saberlo— se vuelven hacia los dioses falsos para buscar una ayuda que deberían encontrar sólo en el Dios Verdadero, y entonces les cae la misma maldición pronunciada sobre quienes hacen un ídolo o que adoran a dioses falsos.

2. Religiones falsas y sociedades secretas

La segunda causa para una maldición, semejante a la primera, reside en el compromiso con falsas religiones y con sociedades secretas. Toda religión que rechace las revelaciones de las Escrituras y la función y la Persona únicas de Jesucristo es, según los patrones bíblicos, una religión falsa. No necesito decir que el mundo está inundado de religiones falsas. Incluyo en este aparte a las sociedades secretas, por cuanto una persona que se une a una de ellas hace un pacto con personas que adoran dioses falsos. Una y otra vez encontré maldiciones relacionadas con la masonería y concluyo, de ejemplo tras ejemplo, que cualquier familia que se haya comprometido con la masonería es víctima segura de caer bajo una maldición.

3. Malas actitudes hacia los padres

El apóstol Pablo, escribió: «Honra a tu padre y a tu madre, que es el primer mandamiento con promesa; para que te vaya bien y seas de larga vida sobre la tierra (Efesios 6:2–3). Honrar a los padres no significa estar siempre de acuerdo con ellos. Pueden estar muy equivocados, pero se deben tratar en todo momento con respeto. Hoy se encuentra una elevada proporción de individuos con muy mala actitud hacia los padres, más que todas las generaciones anteriores en la historia de la humanidad.

Cuando los jóvenes buscan mi ayuda, siempre verifico las relaciones con sus padres. Puede ser salvo y hasta manifestar los dones del Espíritu Santo e ir al cielo cuando muera; pero sin una actitud correcta hacia sus padres, nunca le irá bien en su vida.

4. Injusticia con los débiles

El cuarto motivo para las maldiciones es ser injusto con los débiles y los incapaces. Dios está del lado de los débiles y los oprimidos. Hoy el ejemplo sobresaliente es el aborto; deliberadamente tomar la vida de un pequeño que está por nacer. Si alguna vez hubo una muestra de alguien débil, incapaz y sin defensas, es un bebé en el vientre de la madre. En mi opinión, si alguien de manera intencional procuró un aborto, invocó una maldición sobre su vida y la de sus descendientes.

5. Antisemitismo

La quinta causa de maldiciones es aborrecer y hablar contra el pueblo judío. Cuando Dios llamó a Abraham, le dijo: «Bendeciré a los que te bendijeren, y a los que te maldijeren maldeciré» (Génesis 12:3) Esta promesa se transfirió a Isaac, a Jacob y a todos sus sucesores. Jamás le irá bien al que tenga una mala actitud o al que pronuncie palabras ofensivas o hirientes acerca del pueblo hebreo.

Uno de los ejemplos más sorprendentes que conozco de esto le sucedió a un amigo cercano amigo; es un árabe palestino, nacido en Haifa, y que ahora es ciudadano estadounidense. Reconoció que él y todos sus antepasados, hasta donde podía recordar, siempre maldijeron con persistencia a los judíos. Cuando se arrepintió de esto y renunció a esa conducta y fue liberado de la maldición, Dios lo prosperó —en lo espiritual, en lo familiar y en el campo de los negocios— de un modo asombroso. Hoy les dice a las personas, con todo denuedo, y en especial a sus compañeros y amigos árabes, que si anhelan la bendición de Dios, deben cambiar la actitud hacia el pueblo judío.

6. Nuestras propias palabras

Con frecuencia, varias de las maldiciones más comunes son auto-impuestas, pues las personas las pronuncian contra sí: «Nunca haré nada bien». «Esto siempre me pasa». «Justamente me es imposible manejar ese tipo de situación».. Cuando usted hace una declaración de esta categoría, o por lo menos parecida, se echa una maldición sobre su existencia.

Ministré a una buena cantidad de personas que necesitaban liberación del espíritu de muerte, porque lo invocaron en repetidas ocasiones con palabras como: «Quisiera estar muerto. ¿Qué hay de bueno en la vida?». Esa es una invitación para el espíritu de muerte: «Entra, te doy la bienvenida». ¡Usted no tiene que hacerle demasiadas invitaciones! Incluyo unas frases acerca de la liberación de un espíritu de muerte casi al finalizar este capítulo. No hablo de algo que es pequeño o insignificante sino de algo que es muy, pero muy verdadero y real.

7. Palabras de las personas con autoridad

Ciertas maldiciones vienen de individuos con una relación de autoridad como padres o esposos. Muchos se irritan con sus hijos y les dirigen palabras airadas, amargas y crueles sin imaginar las implicaciones que esas voces provocan: «¡Eres un estúpido!» o «¡No puedo creer cuán imbécil eres!» o «Nunca harás nada bien, por tu torpeza» o «Despierta, Juan-para-nada, eres un animal perezoso». He tenido que orar con sujetos de cuarenta o de cincuenta años que todavía luchan con los efectos de las palabras pronunciadas contra ellos, cuando eran niños, por sus padres, abuelos o tíos.

Ciertos comentarios, hechos por maridos contra sus mujeres, también pueden ser causa de maldiciones. No parece justo, pero es la verdad. Dios dio autoridad a los esposos sobre las esposas. Recuerde lo que Jacob dijo como respuesta a una acusación de Labán, su suegro, que un miembro de su grupo familiar le había robado los ídolos de su casa: «Aquel en cuyo poder hallares tus dioses, no viva…» (Génesis 31:32). No sabía que Raquel, la esposa favorita, los llevaba ocultos después de robarlos. Luego, cuando Raquel dio a luz, murió como consecuencia de la maldición de su marido. Sin embargo, ella ya había pecado al tomar los «dioses» de la casa de su padre.

Piense en un marido que le dice a la esposa: «¡No sabes cocinar y eres inútil! Tu sazón me enferma. ¡Jamás serás buena en la cocina!». Aunque pueda ser talentosa y hábil en muchas otras áreas, siempre fracasará al preparar los alimentos. Por este motivo, y sin que él caiga en la cuenta, en realidad pronuncia una maldición contra sí mismo al decir que se enferma con la comida que hace la esposa. ¡Es probable que en el resto de su vida sufra de agrieras o de indigestiones! Parece algo cómico, pero acontece en la práctica.

8. Médicos brujos

Como causa final de las maldiciones, se deben considerar los médicos brujos, hechiceros, chamanes, magos, curanderos, *tohungas* (según la parte del mundo de donde venga usted). Son todos practicantes del poder satánico. Su poder es verdadero y pueden acabar con la vida. De hecho, la hechicería, los brujos, pueden matar; muchas personas perdieron la existencia por las prácticas de lo oculto. Hay grupos o séquitos de brujas en casi toda ciudad principal de los Estados Unidos, y en varias ciudades más pequeñas que oran específicamente contra los cristianos y sobre todo contra los matrimonios de los ministros cristianos. Su objetivo supremo: destruir la Iglesia de Jesucristo.

Como viví en sitios como Palestina y Kenia, donde hay especialistas en el poder demoníaco, sé que a los médicos brujos se les reconoce como hombres con poderes peculiares. Acuden a ellos los que tienen necesidades y problemas. En muchos países, incluso las personas que se dicen cristianas, si no obtienen lo que quieren de Dios, entonces recurren al mago.

Cómo ser liberado

Ahora llegamos a los pasos para conseguir la liberación de las maldiciones. ¡Gracias a Dios por el cambio que tuvo lugar en la cruz!

Las siguientes cuatro palabras, que son como una clave para ese proceso, empiezan con la sílaba *re*:

1. Reconocer

Pídale a Dios que le muestre en qué consiste su problema. El objeto de todo cuanto se ha dicho hasta ahora es ayudarle para que reconozca su dificultad. Quizá en usted ya se encendió una luz, y ahora puede reconocer qué lo puso bajo maldición. O también es probable que vea algo que se inició con algún antepasado.

2. Retractarse (Arrepentirse)

Si se comprometió usted en algo malo o perverso, debe arrepentirse de eso. Por ejemplo, pudo verse envuelto en el campo de lo oculto o quizá visitó a un astrólogo o se hizo leer el naipe o la palma de la mano (así haya sido por diversión), o jugó con la «tablita ouija» o asistió a una sesión de espiritismo o estudió libros sobre estos temas. ¡Si es así, debe obligatoriamente arrepentirse! O quizá el compromiso estuvo en sus padres, abuelos, tíos o en otros antecesores o parientes que abrieron la puerta a las maldiciones en la línea familiar. Claro que usted no es culpable en este caso, pero sí sufre las consecuencias. Y a fin de limpiar ese pecado, arrepiéntase y retráctese de lo que sea o de quien sea.

3. Renunciar

Por favor, pronuncie con toda energía las siguientes palabras acerca de la maldición, cualquiera que sea: «¡Eso no es para mí! Fui salvo por la sangre de Jesús. Mi fe se basa en la expiación que en el Calvario el Señor Jesús hizo por mí. En la cruz tomó todas las maldiciones que me correspondían a fin de que yo pudiera recibir todo el bien que le pertenece a Él». De esta manera usted renuncia o destruye y revoca el anatema que le fue impuesto.

4. Resistir

La Biblia dice: «Someteos, pues, a Dios; resistid al diablo, y huirá de vosotros» (Santiago 4:7). Huirá si usted se somete primero a Dios. Si no es así, se reirá en su cara. Algunos cristianos ponen esta orden en reversa: ¡Se someten a satanás y resisten a Dios! Quizá, sin saberlo, hace eso precisamente, yace bajo las presiones y ataques del diablo para dejarle que lo pisotee y ande sobre usted. Eso no agrada a Dios, pues no es humildad; por el contrario, es falta de fe o incredulidad.

¡Entonces, tome su posición y resista! Diga: «Soy un hijo de Dios. Esta maldición no me pertenece. La sangre de Jesús me redimió por completo y el rescate que el Señor hizo me sacó de las manos de satanás».

Se deben tener presentes las palabras de la Biblia: «Díganlo los redimidos de Jehová, los que ha redimido del poder del enemigo» (Salmo 107:2). Su redención no obra sino hasta cuando usted la convierte en un testimonio personal. Recuerde: «Y ellos le han vencido (a satanás) por medio de la sangre del Cordero y de la palabra del testimonio...» (Apocalipsis 12:11). Repita esa confesión en alta voz, varias veces, aun a riesgo de pasar por loco: *fui rescatado por la sangre de Jesús y esa redención me pertenece y me sacó de las manos de satanás.*

Y si siente una maldición de muerte sobre usted, comience a proclamar lo que dice la Escritura. No puedo contar cuántas veces he debido declarar el versículo siguiente, pues con mucha frecuencia me he visto en batallas espirituales:

«La diestra de Jehová es sublime; la diestra de Jehová hace valentías. No moriré, sino que viviré, y contaré las obras de JAH» (Salmo 118:16–17).

Esta declaración puede hacer toda la diferencia para su vida.

Confesar el cambio

Ahora quiero ayudarle para que aplique este cambio particular de la cruz en su vida. Es posible que perciba algo así como una maldición sobre su vida, pero crea que a Jesús se le hizo maldición en la cruz para que usted fuese libre y redimido de la maldición. Si quiere cumplir con las condiciones de Dios, le ofrezco abajo una oración escrita que cubre todas las condiciones necesarias para librarse de una maldición. Diga estas palabras:

«Señor Jesucristo, creo que eres el Hijo de Dios y el único camino para Dios Padre. Creo que diste tu vida en la cruz por mis pecados y te levantaste de entre los muertos. Creo que allí, sobre la cruz, fuiste hecho pecado con mi pecaminosidad a fin de que pudiese ser justificado con tu justicia. Fuiste hecho maldición con todas las maldiciones que podrían caer sobre mí para que pudiera recibir tu bendición. Y ahora, Señor, vengo a ti para que me liberes de cualquiera de esas maldiciones. Me arrepiento de todo pecado que hice que vinieran sobre mi vida, ya fuese cometido por mí o por mis antecesores o parientes. Recibo tu perdón. Ocupo ahora mi posición contra el diablo y sus presiones y todo cuanto quiere hacer en contra mía. Lo resisto en el nombre bendito de Jesucristo. Rehúso someterme más a satanás. En el nombre de Jesús, ahora me libero de toda maldición sobre mi vida. Debido a todo lo que Jesús hizo en mi favor sobre la cruz, en su nombre me libero y recibo ahora esa liberación por fe con acción de gracias y con alabanza. Señor, te doy las gracias ahora. Te alabo ahora. Creo que eres fiel. Creo que haces lo que te pedí que hicieras. Someto mi vida a tu voluntad y te la entrego en compromiso para que a partir de ahora mismo tu bendición pueda descansar sobre mí. ¡Te agradezco Señor Jesús! ¡Amén!»

En este momento haga un pequeño descanso, mientras le agradece al Señor con sus propias palabras. Reciba con acción de gracias lo que ha hecho y lo que continúa haciendo en la obra que emprendió por usted.

Seguir los pasos para ser liberado de una maldición y confesar los cambios divinos no resuelve automáticamente todos los problemas. Sin embargo, abrirá un nuevo sendero en su vida. Pude tratar con muchas personas a quienes se liberaron de maldiciones y por las que se dieron tremendas batallas. El cambio, en forma necesaria, no sucede de la noche a la mañana. Debe usted estar listo para seguir en la resistencia contra satanás, y decirle: «Cumplí con las condiciones. No tiene ya ningún derecho. Salga de mi senda; un hijo de Dios viene a partir de este instante por el camino. ¡Hágase a un lado!».

Cuando satanás conoce y sabe lo que realmente le quiere decir, *se apartará de su paso*. Sin embargo, no se desanime si de pronto tiene que enfrentar todavía algún problema pequeño que permanezca por ahí. Sepa que puso su rostro hacia la luz y que progresa en la dirección correcta. ¡Quiero asegurarle, hay esperanza!

Capítulo ocho

ABUNDANCIA EN LUGAR

DE POBREZA

Exploramos el sacrificio de Jesús en la cruz; sacrificio perfecto, completo, todo suficiente, que cubre las necesidades de todos los seres humanos durante el tiempo presente y por la eternidad. Les hice conocer la verdad que la esencia del sacrificio fue un cambio donde todo el mal que nos pertenecía cayó sobre Jesús a fin de que todo el bien correspondiente a Jesús viniese a ser nuestro. Esto no se puede ganar y, en consecuencia, la Biblia dice: «…por gracia sois salvos por medio de la fe…» (Efesios 2:8). La gracia de Dios, su bondad, su regalo inmerecido, su misericordia cubre todo cuanto hizo Jesús por nosotros en la cruz.

Como hemos tratado con cinco aspectos del cambio, deberíamos recapitularlos a fin de mantenerlos frescos en nuestras mentes:

1. A Jesús se le castigó para que pudiésemos recibir perdón.

2. A Jesús se le hirió para que pudiésemos tener salud.

3. A Jesús se le hizo pecado con nuestra pecaminosidad para que pudiésemos ser justificados con su justicia.

4. A Jesús se le llevó a la muerte para que pudiésemos participar de su vida.

5. A Jesús se le convirtió en maldición para que pudiésemos tener y participar de la bendición divina.

Ahora, exploraremos otra faceta del cambio dispuesto por la infinita y compasiva voluntad de Dios:

«Porque ya conocéis la gracia de nuestro Señor Jesucristo, que por amor a vosotros se hizo pobre, siendo rico, para que vosotros con su pobreza fueseis enriquecidos» (2 Corintios 8:9).

Podemos expresar el cambio con algo así como: *Jesús soportó nuestra pobreza a fin de que pudiéramos compartir su abundancia.*

¿Estaría de acuerdo usted en que la pobreza es algo malo? Hay algunos cristianos que *voluntariamente* practican la pobreza y respeto sus convicciones. Mas en muchos casos, a la pobreza se la vive no por elección sino como algo obligatorio. Viajé por muy diversos lugares del planeta y vi pobreza en muchas naciones y considero que —desde mi punto de vista—, la pobreza es como una especie de maldición.

La alternativa de la pobreza es la riqueza, pero prefiero decir abundancia. No creo que para un cristiano sea una señal de espiritualidad conducir un Cadillac o un automóvil Mercedes o vivir en una casa con piscina. Creo, sin embargo, que Dios nos ofrece abundancia, que significa tener suficiente para las necesidades propias y que quede algo para dar a otros. Tal es el nivel de la provisión de Dios.

Pablo resume de esta manera el nivel del suministro de Dios para sus siervos:

«Y poderoso es Dios para hacer que abunde en vosotros toda gracia, a fin de que, teniendo siempre en todas las cosas todo lo suficiente, abundéis para toda buena obra» (2 Corintios 9:8).

ABUNDANCIA EN LUGAR DE POBREZA

¡Este es un versículo sorprendente! En el original griego, la palabra *todo* aparece cinco veces y el término *abunde* otras dos. Esa es la medida de la subsistencia de Dios para sus servidores.

Sin embargo, se debe observar que esto sólo se recibe por medio de la gracia. No es algo que merezcamos o que podamos ganar. Se toma tan sólo mediante la fe, con base en el sacrificio de Cristo por nosotros en elCalvario.

Pero si usted es como yo, tendrá que enfrentar una batalla mental a fin de apropiarse de esta verdad. Cuando era joven, no fui muy religioso, pues durante diez años, mientras estaba en la escuela, en Gran Bretaña, me vi obligado a asistir a la iglesia ocho veces a la semana. En aquellos días me hice la idea que lo mejor que esperaban los cristianos era ser pobres y miserables. Si tiene usted esas mismas premisas, quizá experimente la necesidad de pedirle a Dios que libere su mente del cautiverio a ese pensamiento tradicional.

En aquel gran capítulo de la Biblia sobre bendiciones y maldiciones, encontramos las siguientes palabras:

«Y vendrán sobre ti todas estas maldiciones-... por cuanto no serviste a Jehová tu Dios con alegría y con gozo de corazón, por la abundancia de todas las cosas, servirás, por tanto, a tus enemigos que enviare Jehová contra ti...» (Deuteronomio 28:45, 47–48).

Cuando fallamos, ya sea por falta de fe o por ser desobedientes —para servir a Dios con gozo en nuestra abundancia—, el Señor dice que experimentaremos cuatro cosas: *hambre, sed, desnudez y la necesidad de todo*. Si se ponen juntas, ¿qué se obtiene? Pobreza extrema, o si se quiere, miseria absoluta.

Permítanme compartir una revelación que recibí hace ya varios años atrás, cuando estuve en Nueva Zelanda. Quienes me invitaron con mi primera esposa, nos aseguraron que cubrirían todos nuestros gastos. Sin embargo, cuando llegamos, les faltaba el dinero para hacer frente a ese compromiso. «Tendrás que predicar por una ofrenda», me dijeron.

A medida que enseñaba acerca de esos versículos que se relacionan con bendiciones y maldiciones, el Espíritu Santo me dio un cuadro mental de Jesús en la cruz del Calvario. El Consolador me permitió ver que la maldición de la pobreza se cumplió de forma total en Jesús. Él tuvo hambre, no había comido en las veinticuatro horas previas. Estaba sediento; entre sus últimas palabras, dijo: «Tengo sed».. Se encontraba por completo desnudo, por cuanto le habían despojado de todas sus ropas. Y en el momento de exhalar el suspiro final, no poseía absolutamente nada. En efecto, se debe tener en cuenta que le enterraron envuelto en un sudario que ni siquiera era propio y en un sepulcro ajeno.

Y mientras hablaba ese día, me vino la verdad: en la cruz, el Señor Jesucristo agotó la maldición de la pobreza. No que Él fuese pobre. Antes de Jesús ir al Calvario, no llevaba grandes cantidades en efectivo, pero siempre tuvo lo que necesitaba. ¡Todo aquel que puede alimentar cinco mil hombres, sin contar las mujeres y los niños (Mateo 14:21), en un lugar desierto, no es pobre! Para tomar una expresión de nuestra cultura contemporánea, ¡Jesús llevaba la tarjeta de crédito de su Padre y en cualquier parte la recibían! Sugerir que Jesús fuese pobre, antes de ir a la cruz, es algo engañoso.

En la cruz, sin embargo, Jesús no sólo soportó sino además consumió la maldición de la pobreza. Nada hay que supere esa maldición, después que usted haya estado hambriento, sediento, desnudo y en necesidad de todas las cosas. ¡No es posible ser más pobre que eso!

Esta revelación, de alguna manera, irrumpió a través de esos hermanos en Nueva Zelanda. Había sólo tres o cuatrocientos y no eran particularmente ricos. Pero dieron con tanta abundancia como para pagar todos los gastos de Lydia y míos, durante el resto de nuestra permanencia allí, así como para nuestro viaje de ida y regreso. Recibieron la revelación que en la cruz, el Señor Jesús, sobrepasó la maldición de la pobreza a fin de que todos los seres humanos pudiéramos ser bendecidos con abundancia.

Tres niveles de provisión

La provisión tiene tres niveles: *insuficiencia, suficiencia y abundancia*. La primera significa que usted no tiene bastante para lo que necesita. Si debe comprar $100 de vegetales y sólo tiene $75, está en insuficiencia. Si tiene $100, justo cuenta con lo preciso y se halla en suficiencia. Si tiene $125, puede comprar lo que requiere por cuanto se encuentra en abundancia.

Abundancia es un término que, como muchos otros, viene del latín y quiere decir «una onda que fluye y sobrepasa». Sería usted una persona con una onda que viene de Dios y lo sobrepasa.

¿Por qué quiere Dios que todos sus hijos tengan abundancia? Pongamos atención a las palabras que Pablo dirige a los ancianos de la iglesia en Éfeso:

«En todo os he enseñado que, trabajando así, se debe ayudar a los necesitados (a los que nada tienen), y recordar las palabras del Señor Jesús, que dijo: Más bienaventurado es dar que recibir» (Hechos 20:35).

Dios no tiene favoritos. Suministra abundancia para que no sólo podamos recibir sino también dar, y entonces así gozar de una mayor bendición. Creo que Dios desea que todos sus hijos experimenten la bendición más grande de dar.

Ofrendar es una parte muy importante de la vida cristiana. Esto no supone que todos demos cantidades muy grandes. Vale la pena tener presente que Dios ordenó a su pueblo, en el Antiguo Testamento: «...ninguno se presentará delante de mí con las manos vacías» (Éxodo 34:20). Y el autor sagrado, dice: «Dad a Jehová la honra debida a su nombre; *traed ofrendas*, y venid a sus atrios» (Salmo 96:8). Que nunca vayamos ante Dios con las manos vacías.

Pero recuerde, ¡Dios no necesita sus propinas! Cuando el ujier pase por su fila para recoger los diezmos y las ofrendas, no rebusque en los bolsillos hasta encontrar la moneda más pequeña, a fin de ponerla en la canasta. Eso no es honrar a Dios. No es obligación ofrendar, pero si lo hace, dé en una forma que honre al Señor. Tenga en cuenta que dar es parte de la adoración. Si no podemos adorar como damos, no deberíamos dar nada en absoluto.

Durante los cinco años que estuve en el oriente de África, pude percibir que cuando Dios toca los corazones de las gentes, les encanta dar. La Escritura dice que Dios ama al «dador alegre» (el que da con risa = hilaridad, traducción literal de 2 Corintios 9:7). Ciertamente, vi dadores alegres y risueños en África. Como casi todos carecían de dinero en efectivo, pasaban al frente del altar con una ofrenda, digamos, de café en grano que llevaban sobre la cabeza. Luego, cuando Dios les tocaba de nuevo, iban al frente con mazorcas de maíz o de cacao. Y si el Señor les volvía a tocar *en verdad*, entonces pasaban otra vez con un pollo vivo o con un cochinillo. En su dar eran alegres.

Un orden superior de riquezas

Permítanme agregar una palabra de advertencia o de equilibrio. Si toda su riqueza se reduce apenas a su casa, sus acciones, su Mercedes, o su cabaña al pie del lago, recuerde una cosa: cuando muera, no podrá llevarse nada de eso. Se va a presentar en la eternidad como un alma desnuda.

Hay un nivel más alto de riquezas. Cuando habla la sabiduría —la sabiduría de Dios— es posible oír su voz:

«Amo a los que me aman, y me hallan los que temprano me buscan. Las riquezas y la honra están conmigo; riquezas duraderas y justicia» (Proverbios 8:17–18).

Fíjese en la palabra *duraderas*. Nada de lo que tenemos en este mundo es duradero. No es posible llevarlo con nosotros. Si esto es así, entonces, ¿cuáles son las *riquezas duraderas*?

En primer lugar, todo lo que damos al Reino de Dios. Jesús dijo:

«Y cualquiera que haya dejado casas, o hermanos, o hermanas, o padre, o madre, o mujer, o hijos, o tierras, por mi nombre, recibirá cien veces más, y heredará la vida eterna» (Mateo 19:29).

Lo que demos al Señor, entonces se convierte en riquezas duraderas. Y cien veces más de regreso a nuestro dar es equivalente a diez mil por ciento, ¡una buena tasa de interés!

Sin embargo, el Señor nos bendice no siempre con la abundancia material. Pablo identifica dos maneras con las que se puede servir a Dios en este mundo, que también son riquezas permanentes.

«Porque nadie puede poner otro fundamento que el que está puesto, el cual es Jesucristo. Y si sobre este fundamento alguno edificare oro, plata, piedras preciosas, madera, heno, hojarasca, la obra de cada uno se hará manifiesta; porque el día la declarará, pues por el fuego será revelada; y la obra de cada uno cuál sea, el fuego la probará. Si permaneciere la obra de alguno que sobreedificó, recibirá recompensa. Si la obra de alguno se quemare, él sufrirá pérdida, si bien él mismo será salvo, aunque así como por fuego» (1 Corintios 3:11–15).

Pablo suministra ejemplos de dos clases de servicio que podemos ofrecer al Señor. Uno es amplio en cantidad, pero de valor bajo: madera, heno, paja. El otro tipo de servicio —

oro, plata, piedras preciosas— es más reducido, pero soporta el fuego y pasa la prueba del tiempo. Procure no poner bastante madera, paja o heno, pues el fuego que viene consumirá esos elementos en un instante.

Riquezas duraderas son las vidas de quienes bendecimos con la verdad de la Palabra de Dios y con el poder del Espíritu Santo, pues ambos forman, fortalecen y afirman el carácter cristiano. De este modo edificamos hombres y mujeres de Dios, pero no en cantidades considerables. Pese a la terrible tendencia que tienen las iglesias de enfocarse en las cifras, el punto no es cuántos miembros tiene una comunidad sino a cuántos discípulos forma y nutre. Jesús jamás habló de conseguir miembros para la iglesia; nos instruyó para hacer discípulos. He podido observar en el curso de una larga vida al servicio de Dios que si hace discípulos, por lo general comenzará con un número pequeño, como Jesús hizo. Pero se reproducirán a sí mismos. Y aunque en la prolongada carrera pueden resultar muchos, importa la calidad, no la cantidad.

Una perspectiva correcta

Para cerrar este capítulo, permítanme utilizar dos pasajes donde se pone en perspectiva la provisión de Dios para la abundancia.

El primero, dice: «Hay quienes pretenden ser ricos, y no tienen nada; y hay quienes pretenden ser pobres, y tienen muchas riquezas» (Proverbios 13:7). Algunos de manera deliberada se apartan de los bienes materiales de este mundo para convertirse en pobres, mientras en el plano espiritual tienen grandes tesoros. Creo que Pablo fue uno de ellos.

El segundo pasaje es el testimonio del apóstol, donde comienza así: «Antes bien, nos recomendamos en todo como ministros de Dios...» (2 Corintios 6:4), y luego sigue con una lista impresionante de cuanto experimentó junto con sus más cercanos discípulos, cosas que no se encuentran en los temas de las materias que hacen parte del plan de estudios de un seminario bíblico normal. Se recomendaban en perseverancia, aflicciones, hambres, angustias, azotes, cárceles, trabajos, desvelos, ayunos (vv. 4–5).

Y luego expone, en su enumeración, otras cosas en las que él y sus compañeros se manifiestan aprobados en ser representantes de Jesucristo:

«Como desconocidos, pero bien conocidos; como moribundos, mas he aquí vivimos; como castigados, mas no muertos; como entristecidos, mas siempre gozosos; como pobres, mas enriqueciendo a muchos; como no teniendo nada, mas poseyéndolo todo» (2 Corintios 6:9–10).

La pobreza es una maldición. La provisión de Dios es la abundancia. Pero no se enfoque tan sólo en el ámbito material, por cuanto al morir, ahí será el fin de todo y usted no se podrá llevar nada. Para aquellos cuyas prioridades son correctas, Dios ofrece riquezas mayores y mucho más duraderas.

Reclame el cambio

Una vez más, les ruego que me permitan poner este cambio bajo la forma de una confesión verbal:

Jesús soportó mi pobreza para que pudiera participar su abundancia. Gracias Señor Jesús por darme tu abundancia.

Capítulo nueve
GLORIA EN LUGAR DE VERGÜENZA

Ahora vamos a dos aspectos del cambio en la cruz que suministran sanidad para las heridas de la vergüenza y del rechazo. Ya se leyó este pasaje varias veces: «...y por su llaga fuimos nosotros curados» (Isaías 53:5). Esto es cierto en el plano físico, pero también lo es en el emocional.

Hay desde luego diversidad de lesiones emocionales, y la sanidad para todas se suministró en la cruz. La vergüenza y el rechazo son de las heridas más comunes y profundas que la humanidad sufre en el campo emocional.

Primero, la vergüenza. ¿Qué es lo opuesto a vergüenza? ¡La gloria! En la cruz soportó el Señor Jesús la herida de la vergüenza para que, al final y en forma definitiva, podamos ser sanados de ella.. *Jesús llevó nuestra vergüenza con el objeto de poder compartir nosotros su gloria.* En este capítulo discutiremos la vergüenza de la crucifixión, trataremos sobre las causas de la vergüenza en algunas personas y discutiremos cómo podemos encontrar sanidad.

No tuve mayor privilegio en mi ministerio que ver personas sanadas de las heridas de la vergüenza y el rechazo. ¡El remedio de Dios no es sólo teoría o teología, es una realidad que obra! Creo que si acepta el principio que la sanidad viene por medio del sacrificio sustitutivo de Jesús, usted podrá encontrar su sanidad. Y si tiene un ministerio de enseñanza o de consejería, tendrá el privilegio de llevar a otros a la fuente de salud y curación.

A partir de muchos años, en el ministerio de consejería, he aprendido que la vergüenza es uno de los problemas emocionales más comunes entre el pueblo de Dios. Además, los creyentes se avergüenzan al dejar que otros se enteren que tienen una dificultad o determinado problema. En cierto sentido, a usted la vergüenza lo encierra en una cárcel.

Como una base bíblica, vamos a este pasaje:

«…habiendo de llevar muchos hijos a la gloria, perfeccionase por aflicciones al autor (Jesús) de la salvación de ellos (nosotros)» (Hebreos 2:10).

El Padre permitió al Hijo soportar todos esos sufrimientos a fin de que pudiésemos entrar en su plenitud, en su llenura. Nótese el propósito de Dios: *llevar muchos hijos a la gloria*. Si es usted hijo de Dios, creyente, está comprometido con la gloria. En la cruz, el Señor Jesús llevó su vergüenza para que pudiera compartir la gloria que le corresponde a Él.

Otra porción, de la misma Epístola a los Hebreos, nos lleva el tema de Cristo que sufre nuestra vergüenza. Y dice:

«Puestos los ojos en Jesús, el autor y consumador de la fe, el cual por el gozo puesto delante de él sufrió la cruz, menospreciando el oprobio, y se sentó a la diestra del trono de Dios» (12:2).

En la cruz, Jesús sufrió vergüenza, una tal como jamás podremos imaginarla. Pero eso no lo desanimó ni lo inhibió. Con su pensamiento enfocado en el gozo puesto delante de Él, no había absolutamente nada que le pudiese apartar de su objetivo. ¿Cuál era ese gozo? Llevar muchos hijos a la perfección del honor. Para ponernos en contacto a usted y a mí (y a millones de otras personas) con la gloria, sobrellevó la vergüenza de la cruz.

La vergüenza de la crucifixión

Hace muchos años, con mi primera esposa, nos comprometimos en ayudar a dos jovencitas judías que habían escapado de la Unión Soviética. Tuve que soportar muchos dolores y problemas para auxiliarlas. Un día, mientras me quejaba conmigo mismo, subía una empinada colina en Haifa, durante un caluroso día, y pensaba cuánto tuve que padecer por esas dos muchachas. (De pasada, puedo decir que agradecieron mucho nuestros servicios). Dios de pronto puso en mi corazón un versículo:

«Por tanto, todo lo soporto por amor de los escogidos, para que ellos también obtengan la salvación que es en Cristo Jesús con gloria eterna» (2 Timoteo 2:10).

Entonces, fue posible darme cuenta que apenas pude padecer sólo muy pocos inconvenientes —que nunca se podrían comparar con los sufrimientos de Jesús en la cruz—, y en esos momentos me sentí sin prestigio, humillado y desprovisto en gran manera de alegría.

Nunca ha habido ninguna forma de muerte más vergonzosa que la crucifixión. Era el tipo de castigo más bajo, espantoso y cruel para los peores criminales. A Jesús se le despojó por completo de todas sus vestiduras y así, desnudo por entero, se le exhibió a los ojos de todo el pueblo. Los que pasaban por los alrededores se burlaban y le escarnecían. Lo que el Señor padeció se puede sintetizar en una sola palabra: *vergüenza*. Cristo resistió esa horrible vergüenza, porque supo que mediante ésta nos podía traer la gloria.

El Nuevo Testamento nos ofrece una información subjetiva mínima acerca de lo que soportó Jesús en la cruz. De hecho, no se pudo decir tanto con menos palabras. Todos los relatos de los cuatro evangelios simplemente informan: «Lo crucificaron».. Los salmistas y los profetas del Antiguo Testamento, sin embargo, despliegan una revelación maravillosa de lo que hubo en el interior de Jesús.

Si volvemos a Isaías 53, el gran capítulo sobre la expiación, vamos a encontrar cierta clase de énfasis sobre la vergüenza que llevó Jesús:

«Despreciado y desechado entre los hombres, varón de dolores, experimentado en quebranto; y como que escondimos de él el rostro, fue menospreciado, y no lo estimamos» (v. 3).

Es de entender que esto significa que apartamos los ojos de Él, por cuanto el espectáculo era en verdad horroroso. El versículo anterior dice que, a nuestro parecer, carecía de todo atractivo y nada tenía que nos hiciera desearlo. Incluso, había perdido la forma de un ser humano. Todos los moretones, sus putrefactas llagas, cada lesión, sus heridas y los golpes estaban expuestos a los ojos de quienes le aborrecían, de aquellos que fueron responsables de su crucifixión, así como de los que pasaban por ahí.

Entre los distintos salmos, hay algunos maravillosamente mesiánicos; no se refieren tan sólo a David, autor que dijo o escribió muchos, sino también al propio Mesías. Por ejemplo:

«Porque por amor de ti he sufrido afrenta; confusión ha cubierto mi rostro» (Salmo 69:7).

Aquí podemos entender un poco más lo que Jesús hubo de tolerar en la cruz. ¿Alguna vez usted se dio cuenta que las personas que padecen alguna vergüenza no se atreven a mirarle a la cara? La vergüenza cubrió por entero el rostro del Siervo Sufriente.

En los primeros versículos de este pasaje que se acaba de citar es posible tener una muy breve consideración, quizá más penetrante:

«Sálvame, oh Dios, porque las aguas han entrado hasta el alma. Estoy hundido en cieno profundo, donde no puedo hacer pie» (Salmo 69:1–2).

Solo y sin apoyo alguno, Jesús se hundía cada vez con mayor profundidad en la cenagosa inmundicia del pecado de todo el mundo.

Veremos cuatro versículos adicionales de esta oración de David que, en el Nuevo Testamento, se aplican de modo específico a Jesús. En primer lugar, el Señor citó el versículo 4 acerca de Él mismo (Juan 15:25):

«Más que los cabellos de mi cabeza son los que me aborrecen sin causa» (Salmo 69:4).

Y también este otro versículo:

«Extraño he sido para mis hermanos, y desconocido para los hijos de mi madre» (Salmo 69:8).

Debemos recordar, según se consigna en el Nuevo Testamento, que incluso su familia lo rechazó (Marcos 3:21; Juan 7:3–5).

Igualmente, hay que tener presente el episodio donde se narra la limpieza del templo que hace el Señor Jesús (Juan 2:17):

«Porque me consumió el celo de tu casa; y los denuestos de los que te vituperaban cayeron sobre mí» (Salmo 69:9).

Y por último, otro versículo tuvo asimismo su cabal cumplimiento cuando Jesús colgó de la cruz (Mateo 27:34,48):

«Me pusieron además hiel por comida, y en mi sed me dieron a beber vinagre» (Salmo 69:21).

115

Como es natural, esto jamás le aconteció a David; en él, sin embargo, el Espíritu Santo del Mesías hablaba en primera persona para referir aquello que Jesús experimentó en la cruz.

Y otro de los seguidores de Jesús explica cómo los profetas, en el Antiguo Testamento, podían hablar en primera persona de cosas que nunca les sucedieron, pero que se cumplieron en la vida de nuestro Señor:

«Los profetas que profetizaron de la gracia destinada a vosotros, inquirieron y diligentemente indagaron acerca de esta salvación, escudriñando qué persona y qué tiempo indicaba el Espíritu de Cristo que estaba en ellos...» (1 Pedro 1:10–11).

Ahora, veamos cómo describe el evangelista el final de la crucifixión, con una cita del Salmo 22; otro de los pasajes mesiánicos del salterio hebreo:

«Cuando le hubieron crucificado, repartieron entre sí sus vestidos, echando suertes, para que se cumpliese lo dicho por el profeta: *Partieron entre sí mis vestidos, y sobre mi ropa echaron suertes*» (Mateo 27:35).

Es de maravillarse ante la mesura de los evangelistas, pues dicen apenas con sencillez: *le crucificaron.* No nos pintan la sangre ni la agonía. A cualquier escritor moderno al que se le pidiese relatar la crucifixión, habría consumido páginas en los detalles. Sin embargo, el Nuevo Testamento le deja al Espíritu Santo agregar lo que necesitamos conocer.

Ahora pinte los soldados que se dividen las ropas de Jesús entre ellos. Hay un acuerdo general que un hombre en aquellos días usaba cuatro prendas para vestirse. Como también hubo cuatro soldados, cada uno tomó una de esas prendas para sí; pero echaron suertes sobre la túnica inconsútil (sin costuras) que era demasiado fina para dividirla. ¡Véase cuán exacta es la Escritura! Como resultado final, a Jesús se le expuso desnudo por completo en la cruz.

¿Y qué sobre las mujeres que lo seguían? La únicas que se acercaron a la cruz fueron su madre María; su tía María, mujer de Cleofas; y María Magdalena (Juan 19:25). Las demás permanecieron lejos. Una vez más, por esta circunstancia, creo que a Jesús se le expuso desnudo al mundo.

Nuestros cuadros de la crucifixión, donde se pinta a Jesús con una tela que cubre sus genitales, unas cuantas gotas de sangre sobre manos y pies y una corona de espinas puesta con delicadeza, no nos dan una concepción real y exacta de lo que en verdad tuvo lugar en el Calvario..

Sí; en efecto, Jesús soportó nuestra vergüenza para que por entero fuésemos liberados de ésta y, entonces, poder compartir su gloria.

¿Por qué se siente vergüenza?

Hay un número amplio y cuantioso de motivos muy diversos para que la gente tenga vergüenza.

Uno, hasta cierto punto ordinario, reside en las experiencias humillantes del pasado. Con frecuencia suceden en la escuela, donde por alguna razón a un alumno se le convierte en un espectáculo para la clase y a veces para el establecimiento entero. Hace algunos años, el maestro ponía al estudiante un gorro con la palabra «tonto» u otra de sentido despectivo, y lo enviaba al rincón. La disciplina en clase es importante, pero ese tipo particular de castigo llevaba a los alumnos a la vergüenza pública. A una persona sensible se la podía herir en su interior por el resto de la vida.

Otro origen de vergüenza son los recuerdos que llevamos de cuanto hicimos antes de conocer al Señor, cosas vergonzosas y degradantes. A veces me pregunto cómo pude hacer alguno de los actos que hice.

Quizá la causa más común y simple de vergüenza hoy se halla en las persecuciones, las molestias y los abusos sexuales a los niños. Las estadísticas estadounidenses sobre este tema son escalofriantes. Ciertos estudios informan que a una de cada cuatro niñas y a uno de cada cinco niños se le molesta antes de cumplir doce años. Y si cree que esto no sucede dentro de la iglesia, se equivoca. Cuando al principio comencé a encontrar lo que estaba «como oculto» en la iglesia, con dificultad podía aceptar mis propios descubrimientos. No es mi intención ser negativo, pero el abuso sexual acontece a los hijos de los diáconos, de los ancianos y de los predicadores. No hay exenta ninguna de las diversas áreas de la iglesia.

Si tiene usted el compromiso de la consejería, con certeza va a tener que ministrar a personas que padecen las heridas de la vergüenza. Algunas nacen en el abuso o en los avances sexuales que sufrieron en la niñez, pero recuerde que esas heridas de las emociones y de los sentimientos se soportaron en la cruz. Por este motivo a Jesús se le expuso allí desnudo.

Quizá también lleva usted esa misma carga de vergüenza. Si es así, permita que el Espíritu Santo le trate. Él es tan lleno de gracia, tan tierno, tan suave, tan dulce, tan pleno de tacto y sin embargo tan verdadero. No huya ni se aparte de este punto. Recuerde las Buenas Noticias: Jesús, en la cruz, soportó aquellas vergüenzas que en determinado momento pudieron sucederle a cualquiera de nosotros. Él las llevó sobre su propio cuerpo, las hizo desaparecer y las quitó para siempre del camino.

En la Biblia hay dos pasajes de Job que hablan de levantar el rostro ante Dios. El primero:

«Si alguna iniquidad hubiere en tu mano, y la echares de ti, y no consintieres que more en tu casa la injusticia, entonces levantarás tu rostro limpio de mancha, y serás fuerte, y nada temerás» (11:14–15).

Observé en las gentes que luchan contra la vergüenza que rara vez levantan sus rostros a Dios en oración. Oran con la faz hacia abajo. ¿Por qué es esto? Una de las señales de la vergüenza se halla en la falta de voluntad para mirar a Dios o al hombre en la cara.

Pero las Escrituras, de nuevo en Job, nos indican lo que sucede a una persona que recibió la liberación de la vergüenza:

«...entonces te deleitarás en el Omnipotente, y alzarás a Dios tu rostro» (c. 22:26).

¡Esta puede ser su propia experiencia!

Confesar el cambio

¿Cómo hacer para sanarse de la herida de la vergüenza? Mediante la fe. Es muy sencillo. Agradézcale a Jesús porque llevó su vergüenza para que pudiera ser liberado. Dar gracias es la expresión de fe más simple.

Precisamente, en este mismo momento, durante un corto espacio de tiempo enciérrese con Dios. Ore:

Señor Dios, si hay alguna vergüenza en mi corazón o en mi existencia que me impida levantar el rostro ante ti, quiero ser libre por completo a fin de que no vuelva a sentirme avergonzado jamás. Creo que tu Hijo bendito, el Señor Jesucristo, llevó mi vergüenza para que yo pudiera ser partícipe de la gloria que a Él le pertenece.

Que la presencia de Dios descanse en su vida a fin de sentirse liberado de la esclavitud que hay en la vergüenza. Luego, levante su faz delante de Dios, eleve sus manos y agradézcale por permitirle compartir la gloria de Cristo.

Recuerde las palabras del apóstol Pedro cuando describe el producto de este cambio, pues al hablar de los profetas del Antiguo Testamento, dice:

«Los profetas que profetizaron de la gracia destinada a vosotros, inquirieron y diligentemente indagaron acerca de esta salvación, escudriñando qué persona y qué tiempo indicaba el Espíritu de Cristo que estaba en ellos, el cual anunciaba de antemano los sufrimientos de Cristo, *y las glorias que vendrían tras ellos*» (1 Pedro 1:10–11).

Eche mano de este hecho y apodérese de él para su bien y felicidad: Jesús soportó su vergüenza para que usted pueda tomar parte de su gloria. ¡Es la provisión que Dios le destina tanto en esta vida como en la venidera!

Capítulo diez
ACEPTACIÓN EN LUGAR DE RECHAZO

En el capítulo anterior, tratamos con la herida emocio nal de la vergüenza. Vimos que *Jesús soportó nuestra vergüenza con el objeto de hacernos partícipes de su gloria.* En este capítulo trataremos con el rechazo.

¿Qué es lo contrario a rechazo? Aceptación. Y aquí está el cambio: *Jesús llevó nuestro rechazo para que pudiéramos tener, en cambio, su aceptación.*

Debo admitir que el rechazo no es un punto contra el que haya tenido que luchar como algo personal. De hecho, mi perspectiva ha sido la opuesta. Siempre tengo la actitud (¡que no digo que sea buena!) de «si no le gusto, ese es su problema». Aprendí acerca del rechazo de modo objetivo, y debo decirlo con sorpresa. ¡Al principio, no podía creer por todo cuanto pasaban las personas! A medida que ministraba a quienes sufrían por el rechazo, Dios me enseñó sobre ese punto y llegué a alcanzar un sitio especial de misericordia y comprensión.

Al rechazo quizá se le pueda describir como el sentimiento de no ser querido y amado. Lo explico así: usted siempre está fuera y mira hacia el interior. Otros logran entrar; mas de ninguna forma usted lo consigue.

Confieso que no puedo aprobar toda la teología de la madre Teresa, pero ciertamente estoy de acuerdo con su diagnóstico del problema básico de la humanidad: *la peor enfermedad es no ser amado.*

Vale la pena meditar en las palabras del discípulo que se reclinaba cerca de Jesús: «Nosotros le amamos a él (Dios), porque él nos amó primero» (1 Juan 4:19). ¡Cuán profundamente ciertas! No podemos amar a Dios sino hasta cuando su amor lo despierta en nosotros. Esto también es verdad para nosotros con respecto al amor humano. Somos incapaces de amar a menos que el amor se haya despertado en nosotros por el amor de alguien más. Una persona que nunca haya sido amada no sabe cómo amar. Hay multitudes de gentes que sufren rechazo, quieren amar; pero son incapaces de hacerlo por cuanto al amor nunca se le ha dado la oportunidad de que despierte en ellas.

Causas del rechazo

El rechazo, creo, es la herida emocional con mayor prevalencia en nuestra cultura contemporánea. Hay un buen número de motivos para esto. *Uno es el quebrantamiento de las relaciones familiares.*

Todo niño llega al mundo con una necesidad suprema: ser amado y amar. Todo bebé invita a que se le acune y se le sostenga; y sabe, por instinto, que a usted le gusta y le agrada tenerlo en los brazos. El simple amor abstracto no puede satisfacer las necesidades de un niño; el amor se debe expresar de modo activo.

Además creo —y los psicólogos llegaron hace poco a esta conclusión— que para todo pequeño el amor paterno es irreemplazable. De ninguna manera demerito o menosprecio el amor materno, que es único. Pero la seguridad para un infante se encuentra en los brazos del papá. Cuando él alza a su hijo, el pequeño casi parece decir: «Nada puede sucederme, pues estoy seguro en estos brazos fuertes que me sostienen y me expresan amor».. Sin embargo, en nuestra sociedad actual, debido a la ruptura de las relaciones familiares, muchos pequeños no experimentan estos tipos de aceptación tierna y de afecto amoroso del padre.

A veces el problema va hacia atrás, hasta *el rechazo antes del nacimiento*. En el curso de los años, he debido hablar con personas necesitadas de liberación de un espíritu de rechazo que entró en ellas mientras estaban en los vientres de sus madres.

Imagínense una madre que lucha por alimentar a sus cuatro niños y de pronto descubre que se halla de nuevo «encinta». Quizá se resiente de este suceso al que no le puede dar la bienvenida. Le hace falta tiempo, dinero y otros recursos para levantar a sus hijos. Puede que piense o incluso que diga: «No quiero estar embarazada otra vez. ¡Cómo desearía que este bebé no naciera!». No es absolutamente necesario que exprese eso en alta voz, por cuanto la personita en su interior —y recuerden, *es una persona*— ya sabe que no es bien deseada. Si ese bebé llega a nacer, lo hace con un espíritu de rechazo.

Mucho tiempo atrás, en el ministerio de liberación, comencé a notar que los americanos —sobre todo los estadounidenses— de cierta edad, con suma frecuencia, necesitaban ser liberados del rechazo. Averigüé cuándo nacieron. La respuesta fue 1929, 1930 y fechas siguientes. Como soy británico, ignoraba lo sucedido en esa época. Pero casi todos los estadounidenses al oír 1929, decían: «¡Oh, la Gran Depresión!».. Mi pensamiento, entonces, se rehizo para formar un cuadro de lo que debió acontecer en los corazones de gran cantidad de niños todavía en los vientres maternos, durante el curso de aquellos años.

Otra causa principal de rechazo es la *ruptura de los matrimonios*. Casi todos sabemos que cincuenta por ciento de las uniones terminan hoy en divorcio. Las heridas de este descalabro las sufren por igual ambas partes. Algunas mujeres imaginan que ellas solas las padecen, pero no es cierto. Un hombre puede percibir el rechazo con la misma profundidad o incluso con mayor intensidad.

Aunque este pasaje se dirige a Sion, se puede aplicar como un modelo a todas las esposas rechazadas, y más allá de eso, a todos los que experimentaron el rechazo personal:

«…como a esposa abandonada; como a mujer angustiada de espíritu, como a esposa que se casó joven tan sólo para ser rechazada —dice tu Dios—» (Isaías 54:6 NVI).

¿Quién podrá enumerar a las personas que en nuestro mundo de hoy experimentaron el rechazo porque un matrimonio se deshizo? Imaginen a una mujer que le dio todo al esposo, decidida a construir una unión llena de éxito. ¡Y luego él se separa y se va con otra! Debo reconocer que no tengo manera de entender por cuánto pasó ella, ni tampoco me puedo poner en su lugar a fin de sentir lo que siente. ¡Pero lo maravilloso consiste en que Dios sí puede, y lo hace!

Otros motivos de rechazo incluyen hasta la *apariencia física*. Casi todas las mujeres de hoy tienen que ser delgadas para ser populares; ¡esto es ridículo! Una chica puede ser un poquito más robusta o más silenciosa que sus compañeras de estudio, o usar las «ropas» que no siguen la moda y sentirse rechazada. Un muchacho puede ser más bajito o más lento o menos bueno en los deportes. No se necesita mucho para que una persona sufra el rechazo.

Podemos identificar con facilidad —y quizá identificarnos con— el problema. Ahora, miremos la solución. Una vez más, la provee Jesús, por cuanto en la cruz soportó el más absoluto y completo de los rechazos.

El rechazo de Jesús en la cruz

De nuevo hay que volver al capítulo de la expiación, en el Antiguo Testamento, donde el autor sagrado nos ofrece un cuadro profético de setecientos o casi ochocientos años antes de cumplirse a cabalidad:

«Despreciado y desechado entre los hombres, varón de dolores (o de penas), experimentado en quebranto (en enfermedades); y como que escondimos de él el rostro, fue menospreciado, y no lo estimamos» (Isaías 53:3).

El Siervo Sufriente fue «desechado entre los hombres». Por su parte, el evangelista dice: «A lo suyo vino, y los suyos no le recibieron» (Juan 1:11). Sus propios hermanos, los hijos de su madre, lo rechazaron. Y es bueno volver al salmo mesiánico que se mencionó en el capítulo anterior:

«Extraño he sido para mis hermanos, y desconocido para los hijos de mi madre» (Salmo 69:8).

Nótese la referencia a *los hijos de mi madre,* pero no a los «hijos de mi padre». Diversas profecías mesiánicas hablan acerca de la madre del Mesías, mas no respecto del padre. La concepción y el nacimiento del Mesías, desde luego, fueron únicos.

Todos aquellos que experimentaron esta clase de rechazo necesitan darse cuenta que el mismo Jesús lo sufrió también. Su propia familia y su propio pueblo lo rechazaron. Sólo un solitario y aislado grupo pequeño de tres mujeres estuvo al pie de la cruz, cerca de Él, hasta el fin.

Sin embargo, ese no fue el último acto. Padecer el rechazo de los hombres, claro que fue motivo de dolor; sin embargo, ser rechazado por el Padre celestial fue la prueba suprema y lo máximo del sufrimiento. El publicano al que conquistó Jesús, dice:

«Y desde la hora sexta hubo tinieblas sobre toda la tierra hasta la hora novena. Cerca de la hora novena, Jesús clamó a gran voz, diciendo: Elí, Elí, ¿lama sabactani? Esto es: Dios mío, Dios mío, ¿por qué me has desamparado? Algunos de los que estaban allí decían, al oírlo: A Elías llama éste» (Mateo 27:45–47).

Sin saber el idioma, pensaban que *Elí* era el nombre de Elías.

«Y al instante, corriendo uno de ellos, tomó una esponja, la empapó de vinagre, la puso en una caña y le dio a beber» (v. 48).

Mientras estaba en la cruz, solamente dos veces se le ofreció a Jesús algo para que tomara. Según Marcos 15:23, le ofrecieron vino mezclado con mirra, pero lo rehusó. La mirra se usaba como calmante de dolores y, hasta cierto grado, podría mitigar el sufrimiento. Mas, en apariencia, el Señor decidió en su corazón soportar su agonía sin alivios.

Luego, en los momentos finales, a Jesús se le dio vinagre, cuya finalidad podría ser evitarle la pérdida de la conciencia. Al aceptar este vino agrio, en forma simbólica, Jesús agotó totalmente la amarga copa del rechazo hasta los sedimentos. Jamás ningún ser humano había experimentado un rechazo tan completo como el que Él sufrió en la cruz.

«Pero los otros decían: Deja, veamos si viene Elías a librarle. Mas Jesús, habiendo otra vez clamado a gran voz, entregó el espíritu» (Mateo 27:49–50).

Por primera vez en la historia del universo, el Hijo de Dios oró y no recibió respuesta del Padre ¿Por qué? Porque (como vimos en el capítulo cinco) a Jesús se le hizo iniquidad con toda nuestra pecaminosidad, y Dios tuvo que tratarlo como trata con el pecado. Dios tuvo que rechazarlo —rehusó aceptarlo—; y así el Señor murió, no debido a la crucifixión sino como producto de su corazón quebrantado.

Cómo murió Jesús en realidad

Se debe recordar que el Nuevo Testamento no nos dice nada de cuanto sucedió en el interior de Jesús; en cambio, el Antiguo sí; como se puede apreciar en las palabras del salmista:

«El escarnio ha quebrantado mi corazón, y estoy acongojado. Esperé quien se compadeciese de mí, y no lo hubo; y consoladores, y ninguno hallé. Me pusieron además hiel por comida, y en mi sed me dieron a beber vinagre» (Salmo 69:20–21).

En sus aspectos normales, la crucifixión no habría producido una muerte tan rápida. Como cosa de hecho, esto se indica en el Nuevo Testamento:

«José de Arimatea, miembro noble del concilio, que también esperaba el reino de Dios, vino y entró osadamente a Pilato, y pidió el cuerpo de Jesús. Pilato se sorprendió de que ya hubiese muerto; y haciendo venir al centurión, le preguntó si ya estaba muerto. E informado por el centurión, dio el cuerpo a José» (Marcos 15:43–45).

Por tanto, Jesús no debería morir tan pronto. A los dos ladrones los soldados les apresuraron la muerte al quebrarles las piernas (Juan 19:31). Entonces, de acuerdo con el Salmo 69 y también con el registro del Nuevo Testamento, toda conjetura indica que no murió por la crucifixión, aunque al final ésta pudiese haberle quitado la vida, sino por un corazón quebrantado por la pena y la vergüenza. Es de mucha importancia poder discernir esto. ¿Qué quebrantó el corazón del Señor? El rechazo de su Padre, el rechazo supremo y definitivo. Jesucristo soportó esto a fin de que, en cambio, pudiésemos tener la aceptación.

Volvamos a Mateo: «Mas Jesús, habiendo otra vez clamado a gran voz, entregó el espíritu. Y he aquí, el velo del templo se rasgó en dos, de arriba abajo; y la tierra tembló, y las rocas se partieron» (27:50–51).

El velo en el templo, que separaba a un Dios Santo del hombre pecador, se rasgó en dos para declarar que podemos recibir y tener aceptación. Se rasgó de arriba abajo de modo que nadie pudiese jamás imaginar que un ser humano lo había hecho. Dios lo hizo. Ese velo rasgado es la invitación del Padre a toda persona que cree en Jesús: «Entra; eres bienvenido. Mi Hijo soportó tu rechazo para que te pueda ofrecer mi aceptación».

«Bendito sea el Dios y Padre de nuestro Señor Jesucristo, que nos bendijo con toda bendición espiritual en los lugares celestiales en Cristo, según nos escogió en él antes de la fundación del mundo…» (Efesios 1:3–4).

Note, por favor, la elección definitiva no es nuestra sino de Dios. ¡No se imagine que es salvo porque usted lo eligió! Lo es porque Dios lo escogió y usted respondió a esa opción. Quizá puede cambiar su manera de pensar, pero Dios nunca lo hace.

«…para que fuésemos santos y sin mancha delante de él» (v. 4).

¡Qué pensamiento tan tremendo! Si no se basara en la elección de Dios, jamás yo podría haber tenido fe para lograr ser santo y sin mancha delante de Él. Sin embargo, esa fue la escogencia de Dios; nunca fue nuestra.

Hay una enorme cantidad de énfasis equivocado en la presentación contemporánea del Evangelio, donde todo depende de lo que hagamos. Es cierto, tenemos que elegir, pero jamás hubiésemos sido capaces de hacerlo si Dios, en primer lugar, no nos hubiera escogido. Va a encontrar usted que está mucho más seguro como cristiano cuando no basa sus relaciones con Dios en lo que hace sino en lo que Él ya hizo. ¡Dios es mucho más confiable que usted y yo!

«En amor, habiéndonos predestinado para ser adoptados hijos suyos por medio de Jesucristo, según el puro afecto de su voluntad, para alabanza de la gloria de su gracia, con la cual nos hizo aceptos en el Amado» (Efesios 1:5–6).

¡Aceptación en el Amado; con seguridad esta es la aceptación suprema! Las traducciones modernas usan diversas palabras para *aceptos* (participio pasado con función de sustantivo plural), pero el término griego en la Carta a los Efesios, *charitoo*, quiere decir «hacer lleno de gracia, gracioso» o «muy favorecido».. Es el mismo vocablo que figura en los labios del ángel Gabriel cuando saludó a María: «…¡Salve, muy favorecida…» (Lucas 1:28). Es decir, *Salve* (igual Regocíjate), *llena de gracia*.

Sin duda, ser favorecido en grado sumo es mejor que ser acepto. Sin embargo, tenga esto muy claro y presente: Dios no tiene hijos de segunda clase. Todos no sólo son bienvenidos sino por medio de Jesucristo son altamente favorecidos o llenos de gracia.

¿Quién planeó todo esto? ¡Dios lo hizo!

Aceptación de la obra de Jesús

Un pequeño incidente, hace muchos años, hizo esta verdad vívida para mí. Debía predicar en la reunión de un gran campamento, y estaba en peligro de llegar tarde. Al cruzar con toda prisa por un corredor del edificio, me fui contra una mujer, o más bien ella se vino contra mí.

Una vez repuestos del choque, me dijo: «Oh, Sr. Prince, oraba que si Dios quería que hablara con usted, que nos encontráramos».

«Bueno, ya nos encontramos —le respondí—. Pero sólo le puedo dar dos minutos, o llegaré tarde para dar mi mensaje».

En un minuto principió a contarme y enterarme de todos sus lamentos y sus problemas. Al finalizar ese lapso, la detuve.

«No le puedo dar más tiempo —le advertí—. Diga esta oración conmigo».

No le dije lo que iba a orar, ni tampoco hice un diagnóstico de su situación. Simplemente la guié en una plegaria que vino a ser algo como esto:

Oh Dios, te doy gracias porque realmente me amas; porque en realidad soy tu hija, pues en verdad eres mi Padre y porque pertenezco a la mejor familia del universo. Ya no soy indeseada; tampoco soy rechazada. Tú me aceptaste. Me amas y yo te amo. Muchas gracias, Señor.

Después de eso, nos separamos. Luego fui a la predicación que se me asignó y me olvidé del incidente.

Cosa de un mes más tarde, recibí una carta de esta señora. Luego de describir el incidente donde nos habíamos encontrado, de modo que estaba segura que yo sabría de quién se trataba, me decía: «Al orar aquella plegaria con usted, cambió mi vida por completo. Soy una persona diferente».

¿Qué sucedió? Pasó del rechazo a la aceptación; no por algo que ella hubiera hecho o por tratar de esforzarse más para mejorar o por orar más. Fue liberada del rechazo solamente por aceptar lo que Jesús hizo por ella en la cruz.

Reclamar este cambio

Lo peor que puede hacer por las personas que luchan con el rechazo es decirles que lo intenten más y que procuren con mayor esfuerzo. Nunca creerán que lucharon bastante sin importar cuánto más hayan hecho.

Aquí está lo maravilloso: Dios nos ama. Dios lo ama a usted en forma personal. Me ama también de la misma manera, por increíble que pueda parecer. En Cristo somos sus hijos. Pertenecemos a la mejor familia de todo el mundo. No tenemos nada por qué avergonzarnos. No somos de segunda clase ni indeseados. Somos aceptos.

A fin de apropiarse de este cambio maravilloso, es indispensable confesarlo con palabras: Jesús soportó todo mi rechazo para que pudiese tener, en cambio, toda la aceptación divina.

Si en realidad usted cree esto, entonces diga: «Padre celestial, te doy gracias porque en verdad me amas y porque entregaste a tu unigénito Hijo por mí. Eres mi Padre. El cielo es mi hogar. Hago parte de la mejor de las familias en el universo. Estoy seguro en tu amor incondicional y en tu cuidado. ¡Te doy gracias, Señor!».

Capítulo once
EL HOMBRE NUEVO EN LUGAR DEL HOMBRE VIEJO

Hasta ahora hemos tratado con lo que la cruz hace por nosotros. Desde luego, las personas están contentas con esto, pero muchos cristianos se detienen aquí. ¡Todas sus oraciones son para pedir más, pedir más y volver a pedir más! Su cristianismo carece de profundidad y viene a ser sin satisfacciones, porque ese no es el propósito definitivo de Dios.

Entonces, ahora nos moveremos a otro aspecto de la obra de la cruz: no lo que ésta puede hacer *por* nosotros sino lo que puede hacer *en* nosotros. Examinaremos los tratos de Dios con aquello que se llama *el hombre viejo*. Esta es la puerta de entrada a la siguiente sección, que cubre aquello que la cruz necesita efectuar en nosotros.

En primer lugar, nos conviene tener una idea mucho más clara de lo que es el hombre viejo. ¡No es —como podría pensar usted—su propio padre! El Nuevo Testamento habla acerca de dos hombres: el hombre viejo y el hombre nuevo. Nunca reciben nombres, jamás se les llama «Jorge» o «Henry» o

«Bill». Y sin embargo son dos los más importantes personajes en el Nuevo Testamento.

El hombre viejo, según lo puedo entender, es la naturaleza pecaminosa que heredamos por descendencia de Adán. Algunos individuos le dicen el «viejo Adán», lo que es perfectamente legítimo y legal. Adán nunca tuvo hijos sino hasta cuando fue rebelde. Todo descendiente de Adán, por tanto, nace con un rebelde en su interior. No importa cuán despierto o habilidoso o cuán joven o cuán viejo sea usted, hay un rebelde dentro de todos los que descendemos de Adán.

Puede ver esto con los más pequeños. Como soy el padre adoptivo de nueve niñas, tengo algo de experiencia para tratarlas. Una chiquilla, alrededor de los dos años, es la criatura más dulce y más linda. No se puede creer que el helado se le vaya a derretir en la boca. ¡Pero si le dice: «Ven aquí», puede dar la vuelta y correr en la dirección contraria! Incluso, a esa corta edad, ya se manifiesta el rebelde.

La Biblia llama a este rebelde el hombre viejo. El plan de Dios es reemplazarlo con el hombre nuevo. Podríamos decirlo así:

En la cruz, nuestro hombre viejo fue puesto a la muerte para que, en cambio, pudiésemos tener el hombre nuevo.

En Mateo 3:10 —el versículo que hace en realidad la introducción del Evangelio—, Juan el Bautista, el precursor enviado antes de Jesús, declara: «Y ya también el hacha está puesta a la raíz de los árboles». El término *radical,* derivado de la palabra latina *radix,* raíz, significa «aquello que trata con la raíz». De todos los mensajes que vinieron a la humanidad, el más radical es el Evangelio. Muchos tienen una versión muy superficial del mismo, pero Dios no poda las ramas, ni siquiera derriba el tronco, Él va mucho más allá, trata con la raíz.

Atender a la raíz

Cuando Dios me dirigió al ministerio de liberación, traté principalmente con las ramas en la copa del árbol: adicciones, obvios pecados carnales que disgustan a las personas religiosas. Pronto me di cuenta, sin embargo, que toda adicción no es sino una rama que se origina en otra un poco más grande. Si poda apenas las ramas de la adicción, no trató con la raíz del problema. El problema básico de toda adicción es la frustración A fin de tratar con la adicción, debe descubrir la frustración que originó su crecimiento.

Sin embargo, las frustraciones son sólo ramas. Con el objeto de tratar los problemas de la humanidad, se debe ir bajo la superficie, hasta la raíz. Por esto Juan el Bautista, dijo: «Y ya también el hacha está puesta a la raíz de los árboles» (Mateo 3:10). Y surge la pregunta: ¿qué es la raíz?

El profeta la define con toda sencillez, cuando dice:

«Todos nosotros nos descarriamos como ovejas, cada cual se apartó por su camino; mas Jehová cargó en él (nuestro Señor Jesucristo) el pecado de todos nosotros» (Isaías 53:6).

Allí está nuestra raíz del problema: nuestra rebeldía contra Dios. Hay un rebelde que reside en el interior de cada uno de nosotros. Puede ser un comunista rebelde, un alcohólico rebelde, incluso un simpático religioso rebelde, pero es todavía un rebelde. Dios tiene solamente un remedio para el rebelde. No lo envía a la escuela dominical o a la iglesia, ni le enseña la Regla de Oro, ni siquiera le dice que memorice tal o cual versículo. Lo *ejecuta*. La ejecución es la solución de Dios.

Mas el mensaje de misericordia consiste en que la ejecución tuvo lugar en Jesús y sobre la cruz. Y esto sucede de acuerdo con lo escrito por Pablo:

«Sabiendo esto, que nuestro viejo hombre fue crucificado juntamente con él, para que el cuerpo del pecado sea destruido, a fin de que no sirvamos más al pecado. Porque el que ha muerto, ha sido justificado del pecado» (Romanos 6:6–7).

Pablo no se refiere a nuestra iniquidad del ayer. Trata con el rebelde que está dentro de nosotros *ahora*.. Usted puede entrar a la iglesia, decir una oración y obtener que se le perdonen todas sus faltas. Mas si sale del templo con el rebelde vivo todavía dentro de usted, ese rebelde va a seguir pecando. A fin de quedar libres de la esclavitud al pecado, es imperativo hacer algo más que recibir perdón por nuestras maldades pasadas; debemos tratar con el rebelde que está en nuestro interior.

Aquí interviene de modo muy importante la muerte de Jesús en la cruz. Nuestro hombre viejo fue crucificado con Él. Este es un acontecimiento histórico. Es cierto si usted lo sabe o si lo cree. El problema con muchos cristianos consiste en que no lo saben. El hecho de la crucifixión de nuestro hombre viejo con Cristo no puede obrar en su vida sino hasta cuando usted lo sepa y lo crea, lo cual hace a esta crucifixión real y verdadera en su experiencia.

Todos en quienes no se haya tratado con el hombre viejo son todavía esclavos del pecado. El pasaje de Romanos que acabamos de mirar lo hace claro. Pero la persona que haya muerto con Cristo, *queda libre del pecado.* En el idioma griego se usó el término *justificado.* Una vez que usted pagó la pena final, ya no hay más por qué pagar. La ley no le puede exigir nada más, después de estar muerto.

«Porque el que ha muerto, ha sido justificado del pecado. Y si morimos con Cristo, creemos que también viviremos con él, sabiendo que Cristo, habiendo resucitado de los muertos, ya no muere; la muerte no se enseñorea más de él. Porque en cuanto murió, al pecado murió una vez por todas; mas en cuanto vive, para Dios vive» (Romanos 6:7–10).

Este es, por tanto, un hecho histórico. Y ahora viene en seguida la aplicación:

«Así también vosotros consideraos muertos al pecado, pero vivos para Dios en Cristo Jesús, Señor nuestro» (Romanos 6:11).

En este momento tiene los hechos y los debe aplicar. A nuestro hombre viejo ya se le crucificó. Dios lo hizo. Pero, *por fe*, usted debe reconocerse y aceptarse muerto con Jesús. Y esto lo debe hacer *usted*.. Si no lo hace, va a seguir como esclavo de su hombre viejo.

Por un momento, imagínese la peor clase de hombre, al que los bondadosos y amables familiares que viven con él se ven obligados a soportar y tolerar. Este hombre maldice, se emborracha a diario con aguardiente, fuma a todo instante y trata con puñetazos y puntapiés a su esposa e hijos. Luego, cierto día, la esposa y los hijos se hacen cristianos al recibir a Jesús en sus corazones. Un domingo en la tarde, se deslizan hasta el local donde un pastor predica la Palabra. Cuando salen, lo ven en la silla, con un cigarro en la boca, la botella de aguardiente sobre la mesa, mientras se deleita con videos que no debería ver. Jura y los maldice mientras marchan en silencio para ir a la iglesia.

Gozan de un maravilloso servicio vespertino en el templo y regresan al hogar mientras tararean los coros que cantaban en la iglesia. Entran a la casa y esperan que el hombre los ofenda con palabrotas. Pero no jura ni maldice. El humo se levanta del cigarro en el cenicero, pero no fuma. Todavía hay aguardiente en la botella, pero no toma. Ni siquiera ve los videos en el televisor. ¿Por qué? Resulta que tuvo un ataque cardíaco y murió de repente mientras la familia estaba fuera. Ahora está muerto al aguardiente, muerto a los cigarros, muerto a las maldiciones y a los juramentos. Muerto a los videos. El pecado no le atrae más. Tampoco el pecado le produce ya ninguna atracción. Está muerto.

Hemos visto hace un momento las palabras de admonición y consejo que, con toda autoridad y por la inspiración del Espíritu Santo, encontramos en la Biblia: *Considérense y reconózcanse como muertos para el pecado.* ¿Qué quiere decir esto? Que el pecado ya no tiene más atractivos para usted. El pecado ya no le produce más reacciones. El pecado no ejerce ya más poder sobre su vida. ¿Y cómo tiene lugar todo esto? Mediante la fe en lo que Jesús hizo en la cruz. A nuestro viejo hombre, a ese criminal, ya se le ejecutó y está muerto.

El remedio de Dios para la corrupción

En una temporada de Pascua, hace muchos años, cuando en Londres dirigía reuniones al aire libre y predicaba en las calles hasta tres veces por semana, tuve un sueño muy vívido. Vi a un hombre que, de la misma manera, también predicaba en las calles. Sus sermones eran buenos y una gran cantidad de gente estaba de pie a su alrededor. Pero este hombre tenía un pie deforme que le hacía verse encorvado y como torcido al caminar.

Quisiera saber quién es ese hombre, pensé dentro de mí.

Pasaron luego dos semanas más y volví a tener de manera repetitiva y con enorme precisión el mismo sueño.

Dios trata de decirme algo, me dije. De nuevo me pregunté quién podría ser ese individuo. Sus mensajes eran muy buenos, pero como en la ocasión anterior, fue posible darme cuenta que no todo era recto acerca de él.

Mientras seguía en mi extrañeza y en mi curiosidad, Dios me dijo exactamente las mismas palabras que el profeta

Natán le dirigió a David: «...Tú eres aquel hombre...» (2 Samuel 12:7).

De este modo, Dios expuso el viejo hombre que había en mi interior. Me pude dar cuenta que todavía se encontraba allí, aunque yo era salvo y estaba en el ministerio. Entonces comencé a estudiar las Escrituras y vi que el remedio para esa naturaleza torcida era la crucifixión.

Como estábamos en la época de Pascua, tuve un cuadro mental de las tres cruces en la cima del Gólgota. La cruz de la mitad era más alta que las otras dos. Mientras meditaba en esto, el Espíritu Santo me dijo:

– Quiero que me respondas ahora, ¿para quién se hizo la cruz del medio? Fíjate bien antes de contestarme.

Pensé por un momento, y dije:

— Fue hecha para Barrabás.

— Correcto, está bien. En el último momento, sin embargo, Jesús tomó el lugar de Barrabás.

— Sí. Así fue.

— Pero, pensé que Jesús ocupó tu sitio.

— También eso es correcto, ¡lo hizo!

— Entonces, debes tú ser Barrabás.

En aquel momento lo pude ver. Yo era ese criminal para el que se hizo esa cruz. Me quedaba exactamente, se hizo con mis medidas. Sin embargo, Jesús tomó mi puesto. A mi viejo hombre se le crucificó en Él. ¡Increíble, pero cierto!

Les ruego mirar el cuadro del hombre viejo y del nuevo, según las palabras del apóstol Pablo, cuando se dirige a sus hijos espirituales de la iglesia en Éfeso:

«En cuanto a la pasada manera de vivir, despojaos del viejo hombre, que está viciado conforme a los deseos engañosos, y renovaos en el espíritu de vuestra mente, y vestíos del nuevo hombre, creado según Dios en la justicia y santidad de la verdad» (Efesios 4:22–24).

Nótese que Pablo habla a personas que ya son salvas, y les dice que se desnuden del hombre viejo para que se vistan del nuevo. Esto no es algo que apenas sucede cuando somos salvos; necesitamos hacerlo *después* de serlo.

Pablo sostiene que el hombre viejo experimenta una corrupción *progresiva* debida a la concupiscencia de los engaños que hay en la misma. En cambio, de acuerdo con Pablo, al hombre nuevo se le creó «en justicia y en la santidad verdadera». Quizá se podría decir mejor que «al hombre nuevo se le creó de acuerdo con el patrón o modelo de Dios en justicia y en santidad de la verdad»; es decir, santidad que procede o se origina en la verdad. La podemos recibir sólo cuando hayamos reconocido la verdad acerca de nosotros mismos, que es la naturaleza verdadera del hombre viejo en nosotros.

En toda vida humana se encuentran en obra dos factores opuestos: *engaño* y *verdad.* El hombre viejo es producto del engaño de satanás. Adán y Eva creyeron su mentira: «No morirán y serán como Dios». Cuando se abrieron al engaño satánico, eso produjo la corrupción dentro de ellos. Por tanto, la palabra clave para describir al hombre viejo es *corrupto, corrompido.*

Por el contrario, al hombre nuevo, Dios lo creó otra vez; una creación nueva en Cristo (una criatura nueva). Es el resultado de la verdad de la Palabra de Dios que produce justicia y santidad. En este sentido, el remedio de Dios para la corrupción consiste en crucificar al hombre viejo, que se origina en el engaño, y crear en nosotros un hombre nuevo, que viene como producto de la verdad.

Nótese la diferencia entre la mentira de satanás y la verdad de Dios. La verdad de Dios, mediante la creación nueva, produce en nosotros rectitud (justicia) y santidad. Por otra parte, el resultado de la mentira del diablo —el hombre viejo— está absolutamente corrompido en todos los aspectos (moral, físico y emocional).

Dios me demostró hace años que la corrupción es irreversible. Una vez que se presenta, quizá la pueda retrasar, pero es imposible hacerla retroceder. Tome, por ejemplo, un hermoso durazno en su punto de maduración. Se ve precioso y perfecto, mas la corrupción ya obra dentro. Si se le deja en la mesa de la cocina por una semana, se vuelve amarillento, se arruga y pierde atractivo. ¿Por qué? La corrupción estaba en su interior. El remedio moderno reside en guardar ese durazno en el refrigerador cuando está maduro. Pero el frío no devuelve la corrupción, simplemente la demora.

Muchas iglesias son como neveras. No quitan la corrupción, apenas la aplazan. Entonces, la única forma de cambiar una persona es hacerla una nueva creación. Dios no remienda o reforma al hombre viejo. Ni lo mejora ni lo reeduca. Lo lleva a la muerte. En su lugar surge un organismo nuevo que resulta de la verdad de Dios. «De modo que si alguno está en Cristo, nueva criatura es...» (2 Corintios 5:17).

La naturaleza de la creación nueva

A fin de cerrar nuestro análisis del hombre nuevo a cambio del hombre viejo, miremos brevemente la naturaleza de la creación nueva. El apóstol Pedro escribe también a creyentes que nacieron otra vez:

«Siendo renacidos, no de simiente corruptible, sino de incorruptible, por la palabra de Dios que vive y permanece para siempre» (1 Pedro 1:23).

La naturaleza de la semilla determina la naturaleza de la vida que produce. Si siembra usted una semilla de naranja, no va a obtener manzanas. Si siembra una semilla de man-

141

zana, no cosechará naranjas. Si nace como persona natural, de semilla corruptible, tendrá una vida corruptible, una vida sujeta al proceso de corrupción. Si nace de una semilla incorruptible, sin embargo, gozará de vida incorruptible; porque una semilla así no puede producir una vida corruptible. La palabra clave para describir la naturaleza nueva es *incorruptible*..

¿Cuál es la simiente que origina al hombre nuevo y qué hace que sea incorruptible? La simiente es la Palabra de Dios que da nacimiento a una vida incorruptible.

Vayamos a Santiago: «Toda buena dádiva y todo don perfecto desciende de lo alto, del Padre de las luces, en el cual no hay mudanza, ni sombra de variación. Él, de su voluntad, nos hizo nacer (nos engendró) por la palabra de verdad, -para que seamos primicias de sus criaturas» (Santiago 1:17–18). Note que el hombre nuevo es producto de la verdad. La verdad de la Palabra de Dios engendra en nosotros una naturaleza incorruptible.

¿Qué significa esto en relación con nuestra tendencia a pecar? El apóstol, dice: «Todo aquel que es nacido de Dios, no practica el pecado (quienquiera que haya nacido de Dios no peca), porque la simiente de Dios permanece en él; y no puede pecar, porque es nacido de Dios» (1 Juan 3:9).

Derek Prince nació de Dios hace cincuenta y nueve años en el momento de escribir esto. ¿Quiere decir que Derek Prince nunca pecó después de la salvación? ¡Le puedo decir con toda seguridad que eso no es así! Sin embargo, el versículo dice que *no puede* pecar. Mi conclusión es la siguiente: Juan no habla acerca del individuo sino acerca del hombre nuevo en el individuo. Por cuanto nació de simiente incorruptible, el hombre nuevo es incapaz de pecar.

Siento por este pasaje una atracción muy particular: «...todo lo que es (cualquiera) nacido de Dios vence al mundo…» (1 Juan 5:4). Es tanto *quienquiera* como *cualquiera*.. El apóstol Juan no habla de «Santiago» o «Carlos» o «Jorge» o «María» o «Carmen».. Se refiere al hombre nuevo producido en nosotros por la Palabra de Dios. Otra vez, la simiente incorruptible produce una naturaleza incorruptible. ¿Eso significa que una vez que nacemos de nuevo, nunca podemos pecar? No. Todo depende de la naturaleza a la que le permitamos controlarnos. El hombre viejo no puede ayudar a pecar. El hombre nuevo no puede pecar. Lo que usted hace depende de quién le controle.

Un individuo que jamás haya nacido de nuevo no puede ayudar al pecado, porque su misma naturaleza le hace pecar. Pero la persona que nunca ha nacido otra vez tiene una opción.

Si permitimos a la naturaleza nueva permanecer siempre en el control, nunca pecaremos. Sin embargo, si dejamos que la naturaleza vieja se vuelva a afirmar en su puesto de control, entonces pecamos.

Reclamar el cambio

Sin importar lo que haga usted, ¡jamás procure hacer que el hombre viejo se comporte de un modo religioso! Esto no sirve para nada y no obra en forma alguna. En cambio, la solución de Dios es esta:

Mi hombre viejo —el rebelde, el corrupto— fue crucificado en Jesús con el objeto de permitirme ser libre de esa naturaleza perversa y corrompida, para que una naturaleza nueva pudiese entrar dentro de mí, a través de la Palabra de Dios, y así tomar el control de mi vida.

En los siguientes cuatro capítulos examinaremos todo aquello que a la cruz se le designó para hacer *en* nuestro interior. Sea que pequemos o que no pequemos, sea que tengamos victoria o derrota, depende de la medida en que permitamos a la cruz hacer su obra *en* nosotros.

PARTE III

Cinco aspectos de la liberación

Capítulo doce
Liberación de
la época actual

En los capítulos previos, hicimos un viaje con el objeto de descubrir lo que se cumplió para nosotros por el sacrificio de Jesucristo en la cruz. Podemos resumir nuestros hallazgos en la forma de estos nueve cambios así:

1. A Jesús se le castigó para que yo pudiese recibir perdón.

2. A Jesús se le hirió para que yo pudiese ser sano.

3. A Jesús se le hizo pecado con mi pecaminosidad para que yo pudiese ser justificado con su justicia.

4. Jesús sufrió mi muerte para que yo pudiese compartir su vida.

5. A Jesús se le hizo maldición para que yo pudiese recibir las bendiciones.

6. Jesús soportó mi pobreza para que yo pudiese compartir su abundancia.

7. Jesús llevó mi vergüenza para que yo pudiese participar de su gloria.

8. Jesús sufrió mis rechazos para que yo pudiese tener su aceptación.

9. A mi hombre viejo se le crucificó en el Señor Jesús para que el hombre nuevo pudiese venir a mi vida.

Ahora nos aventuramos en una nueva área: lo que Dios quiere que la cruz haga *en* nosotros. Esto es distinto de lo que Jesús hizo en la cruz *para* nosotros. Nunca gozaremos los beneficios permanentes de cuanto Él cumplió para nuestro favor, a menos que permitamos a la cruz hacer todo lo que Dios ordenó.. Casi todos los problemas que perturban a la Iglesia, tanto colectiva como individualmente, se deben a nuestro fracaso en dejar que la cruz haga su obra en nosotros.

Miremos una vez más el problema de la iglesia en Galacia: carnalidad expresada en legalismo. A Pablo este problema le disgustó y preocupó muchísimo más que el pecado existente en la iglesia de Corinto y con el que pudo tratar con mayor facilidad frente a aquella versión espuria de cristianismo.

Pablo escribió la Carta a losGálatas no como un tratado teológico sino como una consecuencia de la urgencia para resolver una situación verdaderamente delicada. En el capítulo 7, hicimos notoria la advertencia del apóstol:

«¡Oh gálatas insensatos!, ¿quién os fascinó para no obedecer a la verdad, a vosotros ante cuyos ojos Jesucristo fue ya presentado claramente entre vosotros como crucificado?» (c. 3:1).

A los gálatas, cristianos llenos del Espíritu, los habían hechizado. ¿Qué hizo la hechicería? Les oscureció la visión de Jesucristo y su sacrificio en la cruz, que es la única base de la provisión total de Dios para nosotros. Una vez que a la cruz se la oscurece, ya no gozamos más de los suministros de Dios.

Asimismo, el maligno cegó los ojos de los creyentes de Galacia a Cristo crucificado como la base para la derrota de satanás total y completa. En efecto, desde la cruz, el Señor administró a satanás y a su reino una destrucción completa, eterna e irreversible. Y satanás no puede hacer nada acerca de ese hecho glorioso, aparte de cegar los ojos de la iglesia al respecto (¡y es muy astuto para hacer precisamente eso!).

Me bendice que las palabras de Pablo a los gálatas presentan no sólo el problema sino también la solución para una iglesia que había perdido su perspectiva sobre la obra de Cristo en la cruz.

Según la entiendo, esta epístola desarrolla cinco liberaciones sucesivas que tienen lugar cuando permitimos que la cruz realice su obra en nosotros. Una vez más, no me refiero a aquello que Jesús hizo en la cruz en favor nuestro. ¡Gracias a Dios por esa labor, pero no nos detendremos ahí! Hay una obra que se debe hacer *dentro* de cada creyente, mediante la cruz, para tratar con la raíz de nuestros problemas. Aquí están las cinco liberaciones que se hicieron posibles por la cruz:

1. Liberación de la presente era maligna

2. Liberación de la Ley

3. Liberación del yo (ego)

4. Liberación de la carne

5. Liberación del mundo

Consideraremos la primera de estas liberaciones en el capítulo actual y las restantes en el equilibrio de esta sección.

¿Qué sabemos acerca de la era presente?

Una querida hermana en la fe una vez me regaló una camiseta negra con unas letras blancas impresas que decían: «*Sé un cristiano radical*». Permítanme estimularlos para que adopten esa actitud a medida que procedemos.

La primera liberación es verdaderamente radical, y se lee así:

«Gracia y paz-…-de Dios el Padre y de nuestro Señor Jesucristo, el cual se dio a sí mismo por nuestros pecados para *librarnos del presente siglo malo*, conforme a la voluntad de nuestro Dios y Padre» (Gálatas 1:3).

¿Se da cuenta del propósito de nuestro Dios y Padre? ¡Quiere que por medio de la cruz seamos liberados de la presente era perversa!

Algunas traducciones mezclan las palabras *era, siglo, mundo*. Un término griego para *era* se encuentra en *cosmos*, de donde se derivan *cosmonauta, cosmológico*. En el Nuevo Testamento, *cosmos* es una voz sociológica para describir o referirse a personas de una determinada categoría. Discutiremos nuestra liberación del *cosmos*, este sistema actual del mundo, en el capítulo 15.

Sin embargo, cuando Pablo habla aquí de la presente era mala, usa otra palabra griega con referencia a era: *aeon,* que significa un período extendido de tiempo, un período de una longitud indeterminada. Cada era tiene un cierto número de generaciones. Una de las más hermosas frases de la Biblia: *para siempre y siempre,* en realidad se debería traducir *a las eras de las eras* (o para las edades de las edades). No sólo tenemos eras sino que la eternidad consiste de eras constituidas a su vez de eras.

Permítanme enfatizarles que ciertos hechos, acerca de esta presente era, los capacitan para entender por qué es imperativo que seamos liberados de ella.

No le pertenecemos

Óigase bien: ¡definitivamente no pertenecemos a esta era! Somos individuos de otra. En el momento actual, por todas partes, se encuentra mucha habladuría acerca del mal llamado *movimiento de la nueva era*. Pero los cristianos somos en realidad gentes de una era nueva. Es cierto que vivimos en esta era, mas pertenecemos a una era futura. Si fuéramos a vivir como si perteneciéramos para siempre a esta era, habríamos echado a perder todo el propósito de Dios.

Se aproxima a su fin

La presente era carece de permanencia y se acerca a su terminación o cierre definitivo y total. Diversos pasajes bíblicos así lo expresan. Mencionaremos sólo algunos.

Por ejemplo, al explicar a los discípulos la parábola de la cizaña y el trigo, Jesús dijo: «…El que siembra la buena semilla es el Hijo del Hombre. El campo es el mundo; la buena semilla son los hijos del reino, y la cizaña son los hijos del malo. El enemigo que la sembró es el diablo; la siega es el fin del siglo…» (Mateo 13:37–39). Y luego, unas líneas más adelante, repite las mismas palabras: «…así será en el fin de este siglo / Así será al fin del siglo…» (Mateo 13:40,49).

Hay otras diversas porciones de las Escrituras donde se indica que esta presente era mala se halla próxima a su término. Si siente como yo acerca de esta era, usted dirá: «¡Gracias a Dios!».. No puedo pensar en ninguna otra perspectiva peor sino que la era actual continúe para siempre con toda sus miserias, enfermedades, tinieblas, ignorancia, crueldades y guerras. ¡Gracias a Dios no durará para siempre!

Tiene un ídolo perverso y malo

Cuando el apóstol escribe su segunda carta a los hermanos de Corinto, se refiere a ciertas personas, y dice: «Pero si nuestro evangelio está aún encubierto, entre los que se pierden está encubierto; en los cuales el dios de este siglo cegó el entendimiento de los incrédulos, para que no les resplandezca la luz del evangelio de la gloria de Cristo, el cual es la imagen de Dios» (2 Corintios 4:3–4). ¿Y quién viene a ser el dios de esta era o mundo? Pues, satanás. ¿Y por qué esta era es mala? Simplemente porque tiene un dios malo.

Sabemos que el Todopoderoso podría haber depuesto a satanás en cualquier momento; pero como eso no entraba dentro de los planes del Señor; continuará como dios de esta era mientras ésta siga. El programa de Dios contempla permitir que esta era llegue a su fin. Y cuando esta era termine, entonces satanás ya no será más un dios. Puesto que eso lo sabe bien, por tanto satanás procura esforzarse con todo su poder para evitar que esta presente época mala alcance su terminación.

¿Se da cuenta que uno de los motivos por los que satanás tiene resentimiento contra la iglesia consiste en que esta última es instrumento de Dios para llevar esta era a su fin? También aquí hay una de nuestras mayores responsabilidades, porque esta era no puede terminar sino hasta cuando hayamos hecho todo cuanto deberíamos hacer. ¿Y qué es eso? Aquí están las órdenes de marcha para la iglesia: «Y será predicado este evangelio del reino en todo el mundo, para testimonio a todas las naciones; y entonces vendrá el fin» (Mateo 24:14).

A satanás no le amenazan los políticos, ni los comandantes militares, ni los académicos, sólo los que predican el Evangelio del Reino. Se opone a la predicación de las Buenas Nuevas, porque cuando eso se haya cumplido, finalizará esta era y ya no será más dios. Los creyentes en la Biblia son quienes le amenazan.

Estar atrapados en esta era nos hace infructuosos

El autor sagrado escribe acerca de quienes tuvieron experiencias espirituales y luego, al elegir volverse atrás, niegan aquellas experiencias y entonces, además, reniegan de Jesucristo. Obsérvense las cinco experiencias que tuvieron estos individuos:

«Porque es imposible que los que una vez fueron iluminados (experiencia número uno) y gustaron del don celestial
(experiencia número dos), y fueron hechos partícipes del
Espíritu Santo (experiencia número tres), y asimismo gustaron de la buena palabra de Dios (experiencia número cuatro) y los poderes del siglo venidero (experiencia número cinco), y recayeron, sean otra vez renovados para arrepentimiento, crucificando de nuevo para sí mismos al Hijo de
Dios y exponiéndole a vituperio» (Hebreos 6:4-6).

Muchos, en el día actual —creo que soy uno de ellos—,
han gozado estas experiencias. Al ser iluminados y gustado
el don celestial, y la buena Palabra de Dios, y ser participan-
tes del Espíritu Santo, probamos los poderes de la era por
venir. Un motivo para que Dios permita esto, consiste en
impedir que nos conquisten los poderes que puede ostentar
esta era. Dios quiere que tomemos una muestra de algo tan
distinto y tan definitivo en su superioridad que jamás nos
atraigan y nos vayan a gustar las fuerzas de esta presente
era mala. Infortunadamente, no veo que esto suceda con
muchos cristianos.

Cuando el Señor Jesús explicó la parábola del sembrador y
la semilla, interpretó los distintos tipos de tierra y los resultados producidos a partir de la simiente. En particular, hizo
referencia a aquel que recibió la semilla entre espinos:

«El que fue sembrado entre espinos, éste es el que oye la
palabra, pero el afán de este siglo y el engaño de las riquezas ahogan la palabra, y se hace infructuosa» (Mateo 13:22).

Como la palabra para mundo aquí no es *cosmos* sino la voz
aeon, entonces la frase: *las preocupaciones del mundo,* se traduce mejor *los afanes o cuidados de esta era.* En cuanto al engaño de las riquezas, las gentes piensan que éstas les produ-
cirán felicidad. Nunca lo hacen. Algunas de las personas más
infelices del mundo son de las más millonarias. Otro engaño
de las riquezas surge cuando cree que durarán para siem-

153

pre. Pero cuando deja esta vida, absolutamente todo debe quedarse atrás.

Si le inquietan los afanes de esta era, vendrá a ser un cristiano infructuoso y la Palabra de Dios no hará su obra en usted. Quizá diga: «¿Por qué no veo más resultados? ¿Por qué no logro más respuestas a la oración? ¿Por qué no tengo más éxitos en llevar personas al Señor?». Quizá esté preocupado por las cosas de esta era: ¿superioridad financiera, fama, reconocimiento académico o un estilo de vida más elegante? Al preocuparse con todo esto, le hará improductivo y estéril.

¿Vive como si esta era fuese a durar siempre? No será así. Habrá fin a la miseria, la vergüenza, el crimen, las hambres cuando venga el Señor Jesús. Nada más podrá terminar con esos problemas. La iglesia ha tenido más de dos mil años para hacerlo y ha habido muy poco progreso. De hecho, hay más miseria, más guerras, más pobreza, más enfermedades y más ignorancia en el mundo actual como nunca antes. ¡Gracias a Dios, el Señor regresa!

¿Conformados o transformados?

Como antiguo profesional de lógica y filosofía, creo que la Epístola a los Romanos es el más prodigioso edificio de pensamiento lógico jamás escrito por un ser humano. ¡Nunca se vaya a considerar o sentir intelectualmente inferior por creer en su Biblia! Ninguna otra obra en la tierra puede rivalizar con ella en seguridad y claridad intelectuales.

Además, casi todos los comentaristas están de acuerdo en que Romanos 1–11 es el corazón doctrinal del Evangelio. Pero Pablo, después de pasar a través de toda la teología de la muerte sacrificial de Cristo, finaliza con el resultado práctico para la vida. (En ninguna parte del Nuevo Testamento es posible encontrar un divorcio entre la teología y el hecho de vivir). De esta manera, el apóstol llega al punto preciso de aplicar la teología de esos capítulos de la Carta a los Romanos:

«Así que, hermanos, os ruego por las misericordias de Dios...» (c. 12:1a).

¿Qué quiere Pablo que hagan ustedes después de exponer toda esa maravillosa doctrina? ¿Deberían ser muchísimo más espirituales, estudiar con mayores empeño y profundidad o irse a un seminario?

«...que presentéis vuestros cuerpos en sacrificio vivo, santo, agradable a Dios, que es vuestro culto racional. No os conforméis a este siglo, sino transformaos por medio de la renovación de vuestro entendimiento, para que comprobéis cuál sea la buena voluntad de Dios, agradable y perfecta» (v. 1b–2).

¡Cuán realista y práctica es la Biblia! Justo cuando creemos ser super-espirituales, Dios dice: «Quiero tu cuerpo sobre el altar, sin reserva alguna. Una vez que rindas y ofrezcas tu cuerpo, renovaré tu mente».

Dios no nos cambia de afuera hacia adentro; nos cambia de dentro hacia afuera. La religión nos limpia en el exterior, nos pone ropas nuevas y nos dice no comer esto, no beber aquello.

Dios cambia desde el interior. Cuando piensa en forma diferente, entonces vive de otra manera. A Dios no le interesan los cambios externos que fracasan, pues no tocan la naturaleza interna. Y si quiere una mente renovada, debe ofrecer su cuerpo como sacrificio. Dios renueva su modo de pensar sólo con esa base.

«No sean como los de esta era —dice Pablo—. No piensen como ellos; no obren como ellos. Ustedes deben tener un modelo distinto de prioridades y enfocarse no en lo temporal sino en lo eterno».

Esto no quiere decir que usted no sea práctico, pues los que se enfocan en lo eterno, a la luz de la Palabra de Dios, son los individuos más prácticos sobre el planeta. Son los únicos que obtienen resultados.

En una porción final de las Escrituras, vemos a Pablo casi en la terminación de su ministerio, abandonado por varios de sus amigos; un anciano en la celda de una helada prisión mientras espera un juicio (donde no hay justicia) y la ejecución. ¿Hubo éxito según los patrones del mundo? ¡Ni siquiera por los estándares de la iglesia! Estoy seguro que Pablo debió llorar en gran manera al informar a Timoteo que Demas, uno de sus colaboradores de confianza y que estuvo con Pablo durante muchos años, *lo había desamparado, amando este mundo, y yéndose* (2 Timoteo 4:10). Pablo confió en Demas; y éste desertó. ¿Por qué? Porque amaba la presente era mala.

Usted no puede amar la era presente y ser fiel a Jesucristo. ¡Gracias a Dios que proveyó, por medio de la cruz, una vía de liberación de la presente era mala!

Capítulo trece
LIBERACIÓN DE LA LEY Y DEL EGO (YO)

En el capítulo anterior, discutimos la liberación de la presente era mala. Ahora nos moveremos en dos de las otras cuatro liberaciones que Pablo menciona. Volvamos al pasaje donde leemos acerca de estas dos nuevas liberaciones:

«Porque yo por la ley soy muerto para la ley, a fin de vivir para Dios. Con Cristo estoy juntamente crucificado, y ya no vivo yo, mas vive Cristo en mí; y lo que ahora vivo en la carne, lo vivo en la fe del Hijo de Dios, el cual me amó y se entregó a sí mismo por mí» (Gálatas 2:19–20).

Aquí la primera liberación es de la Ley; la segunda es del ego. Ambas están muy unidas.

Libertad de la Ley

Hay multitudes de cristianos que nunca han entendido nuestra necesidad de ser liberados de la Ley. La relación entre el creyente y la Ley es uno de los temas principales más descuidados en la teología del Nuevo Testamento. Muchos creyentes que hablan acerca de estar bajo la gracia, viven en una especie de claroscuro a medio camino entre la gracia y la Ley, pero sin gozar el beneficio de la una o de la otra.

Esto es algo peligroso de decir, mas observé que las iglesias con la palabra *gracia* en sus nombres, a menudo, tienen los fieles que menos saben de ella.. En muchos casos, aunque nos declaramos ya no estar más bajo la Ley de Moisés, la sustituimos con nuestras «pequeñas leyes religiosas».. Pablo dijo que la Ley era santa, buena y dada por Dios (Romanos 7:12). Si esa Ley, que viene del Todopoderoso, no pudo perfeccionarnos, ninguna otra puede hacerlo. Sería una necedad esperar eso.

Las palabras *bajo la ley* o también *sujeto a la ley* quieren decir: «Búsqueda de la justicia con Dios al observar y cumplir un sistema de leyes». No les damos el significado de sugerir que ya no obedecemos más ninguna de las leyes. Su único equivalente es: *nuestra justicia ante Dios no se logra al guardar un juego de normas o leyes.*

Entonces, examinemos la primera liberación; y para eso citamos la frase de Pablo: *porque yo por la ley, soy muerto para la ley.*

Lo último que la Ley puede hacerle es ejecutarlo. Una vez que esto suceda, ya no tiene más poderes sobre su vida. El hecho glorioso del asunto consiste en que me ejecutaron en la misma cruz donde murió Cristo. A mi hombre viejo se le crucificó con Él, y allí perdió por completo la existencia. Por tanto, ya no puedo estar más sujeto a la Ley. Me sacaron de la totalidad del área donde obraba. Ahora me encuentro en una nueva.

Por tanto, Pablo dice: «Porque yo por la ley soy muerto para la ley, a fin de vivir para Dios». Con el objeto de vivir para Dios, fui libre de la Ley. Sólo hasta cuando haya muerto a ésta, podré entonces vivir para Dios. Esta es una declaración que lo deja a uno sin respiración, pero con toda exactitud así dice el Nuevo Testamento. Comprobémoslo con lo escrito por el apóstol:

«…nuestro viejo hombre fue crucificado juntamente con él (con Jesús), para que el cuerpo del pecado sea destruido, a fin de que no sirvamos más al pecado» (Romanos 6:6).

No hay ninguna otra forma para evadirse de la esclavitud del pecado (según anotamos) sino el escape de aquella vieja naturaleza carnal, la naturaleza adánica. Una traducción más segura de la última frase, como di a entender en el capítulo once, sería: «Al que ha muerto, ya se le justificó del pecado». En otras palabras, una vez que pagué la pena con la muerte, la ley ya no tiene más reclamos ni exigencias sobre mí. Ya se me justificó, quedé absuelto, estoy fuera del territorio donde me podía alcanzar o demandar.

Miremos la Epístola a los Gálatas, escrita para hermanos que experimentaron la gracia, eran salvos, el Espíritu Santo los bautizó y fueron testigos de prodigios y milagros. Incluso, después de todo esto, decidieron que, a fin de perfeccionarse, les era indispensable comenzar a guardar la Ley. Pablo los llamó insensatos o necios. Y les enfatizó:

«…todos los que dependen de las obras de la ley están bajo maldición, pues escrito está: *Maldito todo aquel que no permaneciere en todas las cosas escritas en el libro de la ley, para hacerlas*» (c. 3:10).

Una vez que se compromete a guardar la Ley como medio para alcanzar la justicia, debe guardarla toda, todo el tiempo. Si quebranta cualquier punto en cualquier momento, cae bajo maldición. En efecto, así dice la Ley: «Maldito el que no confirmare las palabras de esta ley para hacerlas» (Deuteronomio 27:26). Luego, Pablo continúa:

«Y que por la ley ninguno se justifica para con Dios, es evidente, porque: *El justo por la fe vivirá*; y la ley no es de fe, sino que dice: *El que hiciere estas cosas* -[es decir, el que guarde absolutamente todos los mandamientos todo el tiempo] *vivirá por ellas*» (Gálatas 3:11–12).

Esta simple alternativa ya la había planteado el profeta: «...el justo por su fe vivirá» (Habacuc 2:4). Tenemos dos opciones. Podemos vivir por la Ley y, si la quebrantamos, estaremos bajo maldición. O podemos vivir por fe, que no es vivir por la Ley. Estas alternativas se excluyen mutuamente. Pero usted no puede tener lo mejor de ambos mundos. ¡En realidad, es bien probable que vaya a experimentar lo peor de ambos mundos!

¿Vivir por la Ley o vivir por fe?

¿Confío en guardar la Ley a fin de ser justo con Dios, o simplemente descanso en el hecho que creo en la muerte y resurrección de Cristo a mi favor?

Debemos volver a Romanos por un momento, pues esta epístola suministra la teoría, mientras que Gálatas da la aplicación para quienes no pueden asimilar la parte teórica:

«Porque el pecado no se enseñoreará de vosotros; pues no estáis bajo la ley, sino bajo la gracia» (Rom. 6:14).

¡Claro que estas sí son en verdad Buenas Nuevas! Pero las implicaciones son asombrosas. Si está bajo la Ley, el pecado lo dominará. Sin embargo, el motivo para que el pecado no le domine consiste en que no está bajo la Ley sino bajo la gracia. Una vez más, estas alternativas se excluyen entre sí. Es posible estar bajo la gracia o bajo la Ley, mas no bajo ambas.

Igualmente, vemos las mismas disyuntivas excluyentes en el siguiente pasaje que se toma en dos versiones distintas para lograr una mejor comprensión:

«Pero ahora estamos libres de la ley, por haber muerto para aquella en que estábamos sujetos, de modo que sirvamos bajo el régimen nuevo del Espíritu y no bajo el régimen viejo de la letra» (Romanos 7:6).

«Pero ahora, al morir a aquello que nos tenía subyugados, hemos quedado libres de la ley, a fin de servir a Dios con el nuevo poder que nos da el Espíritu, y no por medio del antiguo mandamiento escrito» (NVI).

Nótese que Pablo no dice aquí que estamos libres del pecado o de satanás sino de la Ley. ¿Dónde morimos? En la cruz. Cuando murió el Señor Jesús, tomó nuestro lugar. Sin embargo, si no fuimos liberados de la Ley por medio de la muerte, no podemos servir en la novedad del Espíritu.

Para ilustrar el punto, imagínese que planea un viaje a un sitio de destino desconocido. Tiene dos opciones: puede emplear un mapa o puede pedir un guía personal. El mapa es perfecto; es absolutamente seguro. Por otra parte, el guía ya conoce el camino y no necesita consultar la cartografía. El mapa es como la Ley, pero nadie ha llegado al puno final del viaje_ la justicia_ siguiendo el mapa , que es la ley, aunque millones lo han intentado. ¡Las estadísticas están en su contra! Por otro lado, el Espíritu Santo se ofrece como guía personal para conducirlo a su meta.

¿Cuál escogerá? ¿Tomará el mapa para ir de tropiezo en tropiezo y terminar en un precipicio donde caerá sobre los cadáveres de millones que lo intentaron antes de usted? ¿O pedirá al Espíritu Santo que lo guíe?

El Espíritu Santo ya conoce el camino. No tiene necesidad de mapa de ninguna clase. ¡Además, para mayor seguridad, es más, Él fue el que hizo el mapa!.

Ser guiados por el Espíritu

Si elige ser guiado por el Espíritu Santo, debe ser sensible a Él y cultivar una relación muy estrecha con Él. Ahora, permítanme sugerir que miremos dos pasajes de las Escrituras. Primero:

«Porque todos los que son guiados por el Espíritu de Dios, éstos son hijos de Dios» (Romanos 8:14).

Como el tiempo verbal de *son guiados* está en presente continuo, estas palabras se podrían traducir mejor así: «Todos a los que generalmente (regularmente) guía el Espíritu de Dios, son hijos de Dios». En griego, la voz para *hijos* no se refiere a bebés sino a hijos maduros. Cuando usted nace de nuevo del Espíritu Santo, es un infante espiritual. Sólo hay una vía para pasar de la infancia a la madurez: ser guiados por el Espíritu Santo. ¿Qué debe hacer para llegar a ser hijo de Dios? Dejarse guiar por el Consolador. Si se parte de la palabra limitante *todos,* se nos indica que no hay ninguna otra manera.

El segundo pasaje es:

«Pero si sois guiados (de nuevo, guiados con toda regularidad) por el Espíritu, no estáis bajo la ley» (Gálatas 5:18).

¿Si lo captó? Acabamos de ver precisamente que el único camino a la madurez espiritual reside en ser guiados por el Espíritu Santo. Ahora vemos que si Él le guía regularmente y así madura, entonces no está bajo la Ley. No puede usted mezclar la Ley con el Espíritu. Debe tomar una decisión que le corte el aire, una que es aterradora. Ya no volveré a confiar más en un conjunto de reglas y normas para hacerme justo. Simplemente confiaré en que el Espíritu Santo me guíe y dirija en todo.

Sin embargo, luego viene una pregunta angustiante: si dejo de observar las normas, ¿qué sucederá? Permítame asegurarle, el Espíritu Santo nunca lo guiará a hacer algo malo o incorrecto. ¿Puede confiar en Él? ¡Esa es su seguridad!

Permitir que Jesús se encargue

Antes de tratar con la segunda liberación, quiero insistir en que sólo hay dos maneras de obtener justicia: obras y gracia. La una es Ley, la otra es fe. La una es guardar reglas, la otra es ser guiados por el Espíritu Santo.

¿Sabía que el Judaísmo Ortodoxo tiene seiscientos trece mandamientos? Casi todos sus seguidores confesarán (no en público sino en privado) que sólo guardan treinta y dos. Pero el camino de la justicia de Dios no es lucha; es ceder, entregarse. ¿A quién me entrego? Cedo por medio del Espíritu Santo a Jesús que está dentro de mí. Jesús es mi justicia, mi sabiduría, mi santidad, mi redención (1 Corintios 1:30).

Me acuerdo de la historia de una dama a la que se admiraba grandemente por su santidad. Un día, alguien le preguntó: «¿Qué hace cuando viene la tentación?» Dijo: «Cuando el diablo llama a la puerta, dejo que Jesús responda».

Como se ve, el éxito no viene por enfrentar a satanás con las fuerzas de usted sino en dejar que Jesús entre y se encargue de la dificultad. No es lucha; es ceder. No el poder sino la unión. Debemos recordar las palabras del Señor:

«Yo soy la vid, vosotros los pámpanos…» (Juan 15:5).

¿Las vides dan racimos de uvas por observar normas? Usted puede agitar todas las reglas para producir fruto delante de una vid, pero no se molestará siquiera en mirarlas. Una rama de vid cede uvas porque la vida de la vid fluye en la rama.

En esta simple ilustración, podemos decir que la cepa o tronco de la vid representa a Jesús, y la savia que fluye a partir de la cepa a través de los pámpanos o ramas es el Espíritu Santo.

Si permitimos que se nos aparte de Jesús, estamos en problemas. Sin embargo, mientras permanezcamos en Él, todos estamos bien.

Morir a nosotros mismos

La segunda liberación se nos presenta una vez más en las propias palabras del apóstol:

«Con Cristo estoy juntamente crucificado, y ya no vivo yo, mas Cristo vive en mí» (Gálatas 2:20).

La liberación aquí se puede expresar en cuatro cortas palabras: «No yo sino Cristo». Se nos debe liberar del ego.

El ego jamás cesa en sus exigencias esenciales y significativas: «Yo soy importante. Mírame. Ayúdame, ruega por mí. Sáname. Necesito apoyo ahora mismo». Quienes son egocéntricos y tienen problemas, se convierten en esclavos de sus problemas. Entre más se enfocan en sí mismos y en sus dificultades, más egocéntricos se vuelven y el yo los esclaviza mucho más.

La alternativa es Cristo: «No yo sino Cristo». Es una decisión que usted debe tomar: «Renuncio y abdico. En mi lugar, dejo que Cristo entre y se haga cargo». Muchos tratan de seguir al Señor, pero nunca dan este primer paso. Esto se informa con toda claridad en las palabras de Jesús:

«…dijo a sus discípulos: Si alguno quiere venir en pos de mí, niéguese a sí mismo, y tome su cruz, y sígame» (Mateo 16:24).

No puede usted seguir a Jesús sino hasta cuando haya hecho esas dos cosas: negarse a sí mismo y tomar su cruz.

¿Qué significa negarse a sí mismo? Esta palabra *negarse* personifica decir no. Negarse a sí mismo es decir no a su ego. Éste dice: «Quiero» y entonces usted responde: «No». El ego dice: «Siento», y usted le responde: «Lo que sientas no im-

porta, pues sólo interesa lo que Dios dice». Tiene que volverse contra su propio ego.

Luego debe tomar su cruz. Oí dos buenas definiciones de
cruz. Primera, es el punto donde su voluntad y la voluntad
de Dios se cruzan. Segunda, es el sitio donde usted muere.
Dios no le pondrá a usted la cruz. Usted debe tomarla por su
propia y libre voluntad.

Cuando el Señor Jesús iba a emprender el camino a la cruz,
dijo: «...porque yo pongo mi vida, para volverla a tomar.
Nadie me la quita, sino que yo de mí mismo la pongo» (Juan
10:17–18). Y esto es cierto para usted cuando sigue a Jesús.
Nadie puede tomarle su vida. El predicador no lo puede hacer, ni tampoco la iglesia. Solamente usted mismo puede tomar su cruz y establecer que va a morir allí. Cuando Cristo
murió, también usted lo hizo: *estoy crucificado con Cristo*. Ese
es el fin de su ego. Sólo entonces puede seguir a Jesús.

La auto-humillación de Jesús

En las Escrituras hay un pasaje de suma importancia que
nos ilustra de modo muy práctico sobre el cambio que estamos estudiando:

«Haya, pues, en vosotros este sentir que hubo también en
Cristo Jesús, el cual, siendo en forma de Dios, no estimó el
ser igual a Dios como cosa a que aferrarse, sino que se despojó a sí mismo, tomando forma de siervo, hecho semejante
a los hombres; y estando en la condición de hombre, se humilló a sí mismo, haciéndose obediente hasta la muerte, y
muerte de cruz» (Filipenses 2:5–8).

En esta porción de la Biblia, el apóstol Pablo describe la
auto-humillación de Jesús a través de siete pasos
descendentes, que el Señor, en forma voluntaria, quiso tomar hasta su muerte en la cruz:

Primero.   «El Señor Jesús se humilló voluntariamente». El idioma griego dice que «se vació a sí mismo». Recuerde que Charles Wesley escribió que «Jesús se vació a sí mismo de todo, menos del amor».

Segundo.   Cristo «tomó la naturaleza de siervo (esclavo)». Hasta pudo haber sido ángel y siervo, pero escogió una etapa más baja.

Tercero.   Jesús «se hizo semejante a los hombres». Es decir, además decidió tomar la naturaleza humana.

Cuarto.   Nuestro Salvador «se manifestó como hombre». Es decir, que cuando aparecía por las calles de Nazaret, nada le distinguía de los que le rodeaban.

Quinto.   El Señor «se humilló a sí mismo». No solamente se hizo hombre, sino también se hizo humilde. No un sacerdote, ni tampoco un líder; tan sólo un carpintero.

Sexto.   Jesús «se hizo obediente hasta la muerte». No se contentó con vivir como hombre; quiso morir como tal.

Séptimo.   El Señor y dador de vida eligió la más terrible, dolorosa y humillante de todas las muertes: la «muerte de cruz».

Dios exalta a Jesús

Los siguientes versículos los dedica Pablo a describir cómo Dios exalta a su Hijo:

«Por lo cual Dios también le exaltó hasta lo sumo, y le dio un nombre que es sobre todo nombre, para que en el nombre de Jesús se doble toda rodilla de los que están en los cielos, y en la tierra, y debajo de la tierra; y toda lengua confiese que Jesucristo es el Señor, para gloria de Dios Padre» (Filipenses 2:9–11).

Note, por favor, el *por lo cual* al principio. ¿Por qué Dios exaltó a Jesús? Porque se humilló a sí mismo. Jesús dijo: «...el que se humilla será enaltecido» (Mateo 23:12). Tal es el camino garantizado hacia la exaltación. Dios se hizo responsable por las consecuencias. Entre más bajo vaya usted, más alto terminará. Su parte del proceso es descender; la parte de Dios es engrandecerlo. Aquí están las siete etapas ascendentes de la exaltación de Jesús:

Primera etapa. Dios «lo exaltó sobre todas las cosas».

Segunda etapa. Dios «le dio un nombre que es sobre todo nombre».

Tercera etapa. En el nombre de Jesús toda rodilla se doblará.

Cuarta etapa. La rodilla de todos los que están en el cielo se doblará.

Quinta etapa. La rodilla de todos los que están en la tierra se doblará.

Sexta etapa. La rodilla de todos los que están debajo de la tierra se doblará..

Séptima etapa. «Toda lengua confesará que Jesucristo es el Señor, para la gloria de Dios Padre».

De nuevo, por favor, observe la perfecta estructura paralela en este pasaje. ¿Cree que Pablo se sentó en su celda y planeó una composición así de elaborada? No, ¡recibió la inspiración del mismo Espíritu Santo!

El camino arriba es abajo

Aunque Cristo era «...en forma de Dios, no estimó el ser igual a Dios como cosa a que aferrarse» (Filipenses 2:6), otro *sí consideró* igualarse a Dios como algo digno de poseer. Y ese fue satanás, que codició esa igualdad, pero se deslizó y cayó. Jesús se degradó y fue enaltecido.

El evangelista estadounidense DL Moody, dijo una vez: «Cuando era un predicador joven, me di a pensar que Dios guardaba sus dones en estantes. Los mejores estaban en los estantes más altos y creí que debería estirarme para alcanzarlos. Mucho más tarde, con el paso de los años, he descubierto que los dones excelentes estaban en los estantes más bajos, y tuve que inclinarme para conseguirlos».

La lección para nosotros es esta: *el camino a lo alto es hacia abajo.* El sendero para vivir es morir. Si quiere ascender, descienda. No yo sino Cristo. Es una decisión. Dios hizo posible esa decisión, pero usted la debe tomar personalmente.

Con el objeto de ver el aspecto práctico de este concepto, retrocedamos a los versículos que preceden este gran pasaje:

«Nada hagáis por contienda o por vanagloria; antes bien con humildad, estimando cada uno a los demás como superiores a él mismo; no mirando cada uno por lo suyo propio, sino cada cual también por lo de los otros» (Filipenses 2:3–4).

En el capítulo previo, dije que casi todos los problemas que aquejan a la Iglesia, tanto colectiva como individualmente, se deben a nuestra falla para dejar que la cruz haga su obra en nosotros. Además, creo que la mayoría de las dificultades en la iglesia, y de modo particular, en el ministerio —por ejemplo, según dice Pablo aquí la ambición soberbia y las rivalidades—, se pueden rastrear a una causa: rebeldía.

La rebeldía es la raíz de muchos problemas personales. Sin embargo, hay una «raíz de raíces»: *el orgullo..* El orgullo permite que una gran cantidad de sus acompañantes y otras dificultades salgan a la superficie.

Si rastrea la historia del pecado en la humanidad, comenzó no en la tierra sino en el cielo. El primer pecado fue la soberbia de satanás, que lo condujo a la rebelión. Todos los soberbios terminan como rebeldes. Este es el producto final del egocentrismo.

Conozco a muchas personas que procuran escapar de sus problemas. A veces hasta quieren viajar alrededor del planeta con el fin de huir de sus dificultades. Sin embargo, la verdad es simple: dondequiera que usted vaya, siempre lleva el mayor problema consigo: ¡usted! La única solución es la cruz. Un precioso versículo sirve para resumir todo:

«A quienes (a los santos) Dios quiso dar a conocer las riquezas de la gloria de este misterio entre los gentiles; que es Cristo en vosotros, la esperanza de gloria» (Colosenses 1:27).

Hay un tremendo secreto que es al mismo tiempo muy simple: *Cristo en usted.* ¿Cuándo se hace real en su vida? Cuando experimente la liberación de su ego; cuando diga: «No yo sino Cristo».

Capítulo catorce
LIBERACIÓN DE LA CARNE

Estamos en el estudio de cinco liberaciones diferentes cuya lista aparece en la Epístola a los Gálatas y que Dios nos ofrece por medio de la obra de la cruz dentro de nosotros. Como hasta ahora vimos tres de ellas, las recapitularemos así:

Primera, Gálatas 1:4 dice que Dios nos hizo libres del presente siglo malo. Luego, en 2:19, dice que Dios nos hizo libres de la Ley. Por último, el siguiente versículo, el 20, dice que Dios nos hizo libres del ego (del yo).

¡Maravilloso! Ahora entraremos en los terrenos de la cuarta liberación, que también figura en Gálatas, y donde leemos:

«Pero lo que son de Cristo han crucificado la carne con sus pasiones y deseos» (5:24).

Considere por un momento lo que significa liberación de la carne. No quiere decir que se nos va a liberar de nuestros cuerpos físicos. En cambio, *la carne* se puede interpretar más bien como la manera en que el viejo hombre se expresa a sí mismo en y por medio de nosotros. Ya hablamos acerca del hombre viejo; la naturaleza rebelde que cada uno heredó como descendiente de Adán. Juntos, *la carne y el hombre viejo* están unidos.

Como ese versículo dice que los «que son de Cristo han crucificado la carne», así se tiene una marca distintiva de quienes pertenecen al Señor. Cuando el apóstol se refiere al orden en que resucitarán los muertos, usa las mismas palabras:

«Pero cada uno en su debido orden: Cristo, las primicias; luego *los que son de Cristo* en su venida» (1 Corintios 15:23).

Cristo regresará como «ladrón» en la noche, en el sentido que volverá en un momento inesperado. Sin embargo, aquí termina la semejanza. Tomará únicamente a aquellos que le pertenecen.

Y si de nuevo vamos Gálatas 5:24, descubriremos la clase de personas por quienes Jesús volverá: los que «han crucificado la carne con sus pasiones y deseos».

Por tanto, pertenecer a Cristo no es cuestión de denominaciones. Él retornará no específicamente por los protestantes o los católicos o los bautistas o los pentecostales, únicamente por aquellos que cumplen una condición muy peculiar: haber crucificado su carne con sus pasiones y deseos.

Cuatro obras de la carne

En los versículos previos de Gálatas 5, el apóstol ofrece una lista de las obras de la carne; el modo como la naturaleza carnal se expresa en nuestras vidas. «Las obras de la carne —dice Pablo— son manifiestas». Todas demasiado manifiestas, diría yo. Sin embargo, no siempre son evidentes para quienes las practican sino para todos los demás. Esas obras son:

«…adulterio, fornicación, inmundicia, lascivia, idolatría, hechicerías, enemistades, pleitos, celos, iras, contiendas, disensiones, herejías, envidias, homicidios, borracheras, orgías, y cosas semejantes a estas…» (Gálatas 5:20–21). Y además, agrega: «…acerca de las cuales os amonesto, como ya os lo he dicho antes, que los que practican tales cosas no heredarán el reino de Dios» (v. 21).

Puede buscar usted en vano algo bueno en esta lista. Jamás nada bueno puede venir de la carne. Es incapaz de producir el bien. Por otra parte, usted no puede vivir de acuerdo con la carne y heredar el Reino de Dios. Se excluyen mutuamente.

Recuerde la palabra clave que compendia y describe la naturaleza vieja: *corrupción*.. Cualquier cosa que produzca la carne es corrupta. No puede producir nada bueno. Hay cuatro categorías principales en las obras de la carne.

Impureza sexual

Ésta incluye fornicación o inmoralidad sexual, inmundicia y lascivia. La fornicación —o inmoralidad sexual— cubre toda clase de licencias sexuales; el sexo pre-marital (si quiere darle un nombre suave); el adulterio (el quebrantamiento de los votos o pactos matrimoniales); la homosexualidad; y todo otro tipo de perversión.

Las iglesias o las denominaciones ordenan como ministros a quienes quieren. Pero eso no cambia la declaración de la Biblia: quienes practican cualquier aspecto de la impureza sexual, están excluidos del Reino de Dios.

Ocultismo

La segunda categoría de las obras de la carne se halla en el ocultismo: idolatría y hechicería. Una traducción alternativa para *hechicería* es brujería (magia). Inicialmente, la hechicería, aunque es actividad satánica, es una obra de la carne. Su objetivo es manipulación y control. Una vez que la carne entra en sus operaciones, lo satánico se introduce y se encarga del manejo.

Recuerde que el primer deseo de Adán y Eva, que los metió en problemas, consistió en *saber*. Es un deseo de la carne. El ocultismo cautiva a incontables millones de personas, porque quieren descifrar cosas que Dios no permite conocer. El hecho de ir a los adivinos lo motiva el deseo carnal de saber; una obra de la carne. Lo mismo se aplica a los que consultan el horóscopo.

Hay quienes alegan ignorancia como excusa, y dicen: «No sabía que eso era malo». Pero no es excusa. Pablo fue blasfemo, perseguidor, e hizo cosas en ignorancia e incredulidad (1 Timoteo 1:13–15).

La palabra *hechicería* en griego se relaciona con la voz para farmacos (drogas), de donde viene el término *farmacia*.. El culto a los fármacos (drogas) es hechicería. Los que las consumen (marihuana, cocaína, heroína, etc..), están fuera del Reino de Dios.

División

La tercera parte, la más larga, en la lista de Pablo —y a la que se brinda muy poca importancia —, se centra en las desavenencias. El apóstol nombra e identifica «odios, enemistades, pleitos, celos, brotes de ira, contiendas, rivalidades, homicidios, desacuerdos herejías, envidias». Toda relación personal que se rompe, todo lo que divide hogares y familias, toda clase de divisiones en el cuerpo de Cristo es producto de la carne.

Gratificación de deseos

La cuarta y última categoría incluye «glotonería, borracheras, orgías y cosas semejantes». Entiendo que esto se refiere a la indulgencia sin freno de los deseos y apetitos carnales, sobre todo en los aspectos de comer y beber. En 1 Corintios, Pablo menciona la clase de control que en esta área se impone a sí mismo:

«Sino que golpeo mi cuerpo, y lo pongo en servidumbre, no sea que habiendo sido heraldo para otros, yo mismo venga a ser eliminado» (9:27).

Si decidimos seguir los ejemplos de Jesús y de Pablo, podemos invocar el auxilio del Espíritu Santo, al que el apóstol describe como espíritu «...de poder, de amor y de *dominio propio*» (2 Timoteo 1:7). En la versión Biblia de las Américas, una nota marginal sobre el dominio propio lo hace sinónimo de «juicio cabal o disciplina». Sin embargo, si en nosotros no hay disciplina y continuamos con nuestra condescendencia, el Espíritu Santo, con toda seguridad, no nos va a imponer una disciplina que sea contraria al estilo de vida que hayamos elegido.

El enemigo está dentro

Algunos teólogos dicen que en, 1 Corintios 3:3, Pablo dio a los hermanos de esta comunidad el calificativo de «carnales», por cuanto hablaban mucho en lenguas. El problema en Corinto no estaba en hablar en lenguas sino en las actitudes y relaciones incorrectas que revelaban la carnalidad: la obra de la carne. ¿Cuál es el sello propio de la carnalidad?

«Porque aún sois carnales; pues habiendo entre vosotros celos, contiendas y disensiones, ¿no sois carnales, y andáis como hombres? Porque diciendo el uno: Yo ciertamente soy de Pablo; y el otro: Yo soy de Apolos, ¿no sois carnales?» (v. 3–4).

La teología no divide la iglesia. No falta quienes la usen de modo muy carnal. Pero, la raíz del problema está en la carnalidad no en la teología. La carnalidad es división; seguir líderes humanos. Uno dice: «Sigo a Lutero», el otro: «Sigo a Calvino», y otro: «Sigo a Wesley». Usted puede recibir la enseñanza de esos hombres y agradecer a Dios por eso. Sin embargo, convertirse en seguidor de un líder o de otro le marca como carnal.

Sólo hay una solución para esto, así como para toda clase de carnalidad: la cruz. Donde las personas no tienen voluntad para someterse a la cruz en sus vidas, habrá divisiones, contiendas, envidias, celos y soberbia.

Pero permítame decir aquí algo que espero le ayudará, por lo menos para que se forme la impresión: «No levanto una norma. No alcanzo el punto que describe». ¡Cálmese! Dios no espera que haya llegado. Él confía en que usted está en el camino. Necesitamos darnos cuenta que cada uno tiene un enemigo de Dios en el interior. Casi todas nuestras luchas y dificultades se deben a este adversario interno.

Si sabe algo de la Segunda Guerra Mundial, quizá le sea familiar la idea de *la quinta columna*. La frase se originó durante la Guerra Civil de España, en la década de 1930, cuando los españoles luchaban contra otros españoles. La historia se remonta a un cierto general que sitiaba a Madrid, en 1936; otro general le preguntó:

—¿Cuál es su plan para capturar la ciudad?

—Tengo cuatro columnas que avanzan sobre la ciudad —replicó—: una del norte, una del oriente, una del sur, y una del occidente.

Luego de una pausa, agregó:

—Pero espero que mi quinta columna me entregue la ciudad.

—¿Dónde está su quinta columna?, preguntó el segundo general.

—Dentro de la ciudad.

Ese es nuestro problema. A la Iglesia nunca se la derrotará sin ese factor. La Iglesia es inconquistable excepto por la quinta columna: el enemigo interior.

Considerar muerta nuestra carne

Cada uno de nosotros tiene por dentro un traidor semejante. Es la carne. Entonces no se sienta culpable si hay combates en su interior. Eso puede significar que está más vivo que los cristianos que no tienen luchas. Ese enemigo no encuentra ninguna oposición. Mire lo que dice Pablo:

«...sé que en mí, esto es, en mi carne, no mora el bien; porque el querer el bien está en mí, pero no el hacerlo» (Romanos 7:18).

A veces digo que la diferencia entre el apóstol Pablo y la mayoría de nosotros reside en que sabía lo que nosotros no sabemos. Dijo: «Sé que en mi naturaleza carnal nada hay bueno. Por tanto, no puedo esperar que algo valioso salga de ella. No importa cuánto quiera hacer lo que está bien, me enfrento a una continua lucha con algo dentro de mí que no quiere hacer lo bueno».

La lucha en sí es un buen signo en cierto sentido. Indica que está vivo. ¡Déjeme decir que Pablo no era un cristiano inmaduro cuando escribió Romanos 7! Estaba en el umbral de Romanos 8. Sin embargo, usted jamás se pondrá en contacto real con este capítulo sino hasta cuando haya aprendido a tratar con su carne. Entonces, pasemos a un pasaje de este capítulo:

«Porque el ocuparse de la carne es muerte, pero el ocuparse del Espíritu es vida y paz. Por cuanto los designios de la carne son enemistad contra Dios; porque no se sujetan a la ley de Dios, ni tampoco pueden; y los que viven según la carne no pueden agradar a Dios» (8:6–8).

Permitir que su naturaleza carnal controle su pensamiento es muerte, pero dejar que el Espíritu Santo controle la forma en que usted piensa produce vida y paz. No hay manera de llevar su naturaleza carnal a la obediencia a Dios. Jamás le obedecerá. Acepte ese hecho. No trate de hacer que obedezca a Dios. No trate de hacerla religiosa.. No intente llevarla a la iglesia y hacerla sentar por horas en reuniones y pasar a través de una cantidad de ejercicios religiosos a fin de intentar hacerla obediente a Dios. No obedecerá; no puede hacerlo. Es incurablemente corrupta y rebelde desde las raíces.

¿Cuál es el remedio? La solución de Dios es la ejecución. Las Buenas Nuevas consisten en que la ejecución tuvo lugar hace más de mil novecientos años. Cuando Jesús murió en la cruz, nuestro hombre viejo, esa naturaleza carnal, fue puesta a la muerte con Él. Lo que debemos hacer es simplemente aplicar lo que Jesús cumplió para nosotros en la cruz:

«Sabiendo esto, que nuestro viejo hombre fue crucificado juntamente con él, para que el cuerpo del pecado sea destruido, a fin de que no sirvamos más al pecado» (Romanos 6:6).

Este es un hecho histórico, sea que lo sepamos o no, sea que lo creamos o no. Sin embargo, cuando lo sabemos y lo creemos, obra en nosotros. Otra vez me veo obligado a enfatizar un problema que ocurre con la mayoría de los miembros de la Iglesia contemporánea: casi todos los cristianos o no saben o prefieren ignorar que fueron crucificados con Cristo.

En verdad decir que *ya se destruyó o suprimió* al hombre viejo es un malentendido. Mientras estemos en esta vida nunca llegaremos a terminar con nuestra naturaleza carnal. Conozco individuos que creen ser liberados por entero de la carne, pero no veo la prueba. Tan sólo cambiaron su terminología. No perdieron su mal genio, el temperamento de siempre; en cambio, caen en una «indignación santa y piadosa». Según lo entiendo, a la carne se le puede quitar toda efectividad y volverla incapaz de hacer lo que querría hacer; pero en esta época no se puede eliminar. ¡Esta es una razón más para buscar otra era!

Tres simples palabras

Recordemos lo escrito por el apóstol Pablo:

«Así también vosotros consideraos muertos al pecado» (Romanos 6:11).

Se debe notar la progresión. En el versículo 6 que miramos antes, vamos a *saber* que estamos muertos al pecado. Mas en el versículo 11 debemos *considerarlo* o aplicarlo a nosotros mismos. Lo hago cuando digo: «Mi naturaleza carnal ha sido crucificada».

Hay tres palabras muy sencillas que le ayudarán en ese proceso de consideración: *hecho, fe, sentimiento.* Por favor, note el orden. Usted no comienza con los sentimientos. Principia con los hechos que son las verdades de la Biblia. Las Escrituras contienen verdades y hechos, y la fe se edifica sobre los hechos; luego, los sentimientos se ponen en línea con la fe. Nunca vaya a permitir que los sentimientos dirijan sus acciones.

En estos capítulos produzco hechos. Quizá esto le parezca demasiado objetivo o hasta remoto, pero la verdad consiste en que debemos comenzar con lo objetivo. Si empezamos con los sentimientos, carecemos de ancla, pues estaremos a merced de todo viento o corriente de doctrina. Así principiamos con los hechos bíblicos, basamos la fe en éstos y permitimos que nuestros sentimientos se pongan en línea.

A veces, cuando nos sentimos como los fracasados más miserables, en realidad somos más agradables a Dios que cuando pensamos que lo estamos haciendo muy bien. Dios está más cerca de aquellos que tienen el corazón contrito. De hecho, «los sacrificios de Dios son el espíritu quebrantado...» (Salmo 51:17). Un factor que mantiene a Dios en la distancia es la auto-confianza.

Tuve problemas y me atreví a decir que los podía manejar; ¡y más tarde quise no haber dicho jamás eso! Hace muchos años, con mi primera esposa, Lydia, hicimos nuestro primer viaje a los Estados Unidos desde Canadá. Como oí ciertas cosas sobre ese país, estaba nervioso. ¡Tenían carreteras en las que necesitaba manejar a más de sesenta y cinco kilómetros por hora, y eso me asustaba! Entonces, planeamos nuestro viaje desde Oshawa en Ontario, Canadá, hacia el sur, hasta Lima, New York, para evitar esas vías tan rápidas.

Luego de un viaje seguro en el Estado de New York, iniciábamos nuestro regreso a Canadá cuando Lydia dijo: «Creo que deberíamos orar».

«No veo la necesidad de hacerlo», dije.

Tomamos entonces la autopista del Estado de New York, con toda confianza. Pero como los signos de salida de las carreteras principales son distintos a los de Canadá, nos pasamos de la salida correcta, sólo para saber que la siguiente salida estaba a noventa y dos kilómetros más adelante. Así, tuvimos que conducir ciento ochenta y cuatro kilómetros adicionales en nuestro viaje. Luego, cuando llegamos al punto correcto para salir de la autopista, el carro se averió y quedamos varados. ¡No voy a mencionarles el resto de la historia, excepto para agregar que jamás volví a decir que no hay necesidad de orar!

¿Cómo crucificar la carne?

Como buscamos liberación de la carne, encontramos una excelente palabra de advertencia en 1 Pedro: «Puesto que Cristo ha padecido por nosotros en la carne, vosotros también armaos del mismo pensamiento; pues quien ha padecido en la carne, terminó con el pecado, para no vivir el tiempo que resta en la carne, conforme a las concupiscencias de los hombres, sino conforme a la voluntad de Dios» (4:1–2).

El apóstol nos dice que la liberación de la carne vendrá con sufrimiento. Por tanto, nos debemos disponer con esta expectativa, y estar listos para abrazar lo que sea necesario con el objeto de ser libres de la dominación de nuestra naturaleza carnal. Este tipo de defensas en el pensamiento es básico a fin de alcanzar la victoria, por cuanto hay muchos cristianos que enfrentan sus pruebas sin tener dispuestas esas armas. No están mentalmente preparados para los conflictos y las presiones que los esperan. En consecuencia, también a menudo todos permiten que les derrote su naturaleza carnal.

Durante muchos años, tuve un tiempo muy difícil en entender que «…quien ha padecido en la carne, terminó con el pecado» (1 Pedro 4:1). Entonces, me dije: *ante todo el sufrimiento que tuvo lugar cuando Jesús murió en la cruz, no puedo agregar nada a todo cuanto Él ya sufrió y soportó.*

Al fin, sin embargo, vi que el sufrimiento reside en crucificar nuestra carne. ¿Recuerda lo que dijimos al comenzar este capítulo? «Quienes son de Cristo crucifican la carne con sus deseos y pasiones». Para todos hay mucho dolor al crucificar nuestra carne. Significa, en cierto sentido, que debemos martillar los clavos tanto en nuestras manos como en los pies y, para completar, estirarnos sobre la cruz.

Este es un ejemplo de cómo crucificar la carne. Digamos que una muchacha de apenas veinte años decide servir al Señor y le presentan un atractivo joven que dice ser cristiano, que asiste a la iglesia, pero, sólo para estar cerca de ella; pues afirma que la quiere como esposa. La muchacha se compromete emocionalmente y no sabe qué hacer en esa situación.

181

Su pastor, hombre piadoso de buen criterio, que desde antes conocía al joven y que cuida por el alma de esta niña, le advierte: «No es un verdadero cristiano; apenas lo finge, y apela a ese hecho para ganarte. Por favor, no te cases con él»..

La muchacha tiene, entonces, dos alternativas. Puede agradar a su carne o crucificarla. La carne le dice: «lo amo, me gusta». Y su corazón afirma: «pero amo más a Jesús». Así martilla el primer clavo en su mano derecha.

Luego la voz de la carne, reclama: «Quiero un hogar y tener hijos». Como respuesta, golpea el segundo clavo en la mano izquierda. La misma voz, clama: «Me da miedo quedarme sola por el resto de la vida».. Luego, introduce el clavo final en sus pies.

¿Sí me explico? Se deben clavar tanto las manos como los pies. Es doloroso, pero el sufrimiento no dura mucho. Después de un tiempo está libre y feliz, y en el momento preciso llegará el hombre correcto que Dios le tiene.

Sin embargo, supongamos que rehúsa crucificar su carne. Se casa con el joven y pronto se da cuenta que en realidad no ama al Señor y que no será una buena cabeza espiritual o de ayuda para ella. Luego, tras quince años de contiendas y amarguras, él la abandona, se va y la deja con sus tres niños.

¿Que será más doloroso: tratar con su carne o desperdiciar quince años en que se ve atada al hombre equivocado y luego sufrir el abandono con sus hijos? Ciertamente hay dolor en ambas alternativas. Pero la raíz que causa el dolor se encuentra en nuestra naturaleza carnal. La pregunta es: ¿aceptar la voluntad de Dios o seguir por otro camino? La solución de Dios es dolorosa, pero sólo temporalmente. El corazón herido se curará después de un año o dos; luego queda libre a fin de vivir el resto de su vida para Dios.

En la vida de casi todos los cristianos hay crisis, creo, sobre todo a los que se les llama a un campo especial del ministerio. En esa crisis, por lo general, hay dos alternativas: o siguen lo que quiere la carne y pierden la oportunidad de seguir con Dios o crucifican la carne y sufren. Como producto del sufrimiento, surgen un carácter desarrollado y una vida comprometida que ya no es más esclava del pecado.

Al mirar atrás, en mi experiencia, puedo ver un punto: cuando me tocó escoger entre una decisión buena y la incorrecta. Pude seguir el camino de mi carne, agradarme y echar mano de la vía fácil; o por otra parte, aplicar la cruz. Sin embargo, sin entender en realidad lo que hacía, elegí y tomé los clavos. ¡Más de cincuenta años después me alegra lo que hice!

Por favor, con todo cuidado vuelva a leer las palabras en aquel pasaje de Pedro: «Puesto que Cristo ha padecido por nosotros en la carne, vosotros también armaos del mismo pensamiento; pues quien ha padecido en la carne, terminó con el pecado, para no vivir el tiempo que resta en la carne, conforme a las concupiscencias de los hombres, sino conforme a la voluntad de Dios» (1 Pedro 4:1–2).

¿No es eso tremendo? ¡Usted puede alcanzar el sitio donde el pecado ya no lo domina más! Tal es la cuarta gloriosa liberación provista por la cruz.

Capítulo quince
LIBERACIÓN DEL MUNDO

Queda una liberación final que se basa en las palabras de la Carta a los Gálatas, donde Pablo escribe acerca de aquellos individuos que quieren ufanarse en ciertos aspectos religiosos:

«Pero lejos esté de mí gloriarme, sino en la cruz de nuestro Señor Jesucristo, por quien el mundo me es crucificado a mí, y yo al mundo» (6:14).

La cruz se pone entre el cristiano verdadero y el mundo. Cuando el mundo mira en dirección del cristiano, ve un cadáver sobre una cruz, algo que no es atractivo. Si el cristiano mira hacia el mundo, debe ver algo semejante. No hay nada que entre los dos produzca atracción, pues debe haber una línea muy nítida que separe al uno del otro, y esta línea está marcada por la cruz.

Una vez más, vale la pena considerar lo que significa *el mundo*. Recordemos del capítulo 12 las dos palabras para *era* (siglo, mundo), que a veces se confunden: *aeon* y *cosmos*.. *Aeon* es una medida de tiempo, en tanto que *cosmos* (o *mun-*

do) es un término sociológico, y tiene que ver con personas. La palabra en Gálatas 6:14 es *cosmos*. Se nos liberó de este presente sistema mundial, constituido por todos aquellos que rehúsan el gobierno correcto de Dios en la Persona de Jesucristo.

En el Evangelio de Lucas, el Señor Jesús relata a las personas que le escuchaban una parábola reveladora:

«Dijo, pues: Un hombre noble se fue a un país lejano, para recibir un reino y volver. Y llamando a diez siervos suyos, les dio diez minas, y les dijo: Negociad entre tanto que vengo. Pero sus conciudadanos le aborrecían, y enviaron tras él una embajada, diciendo: No queremos que éste reine sobre nosotros» (Lucas 19:12–14).

Hay aquí un cuadro de Jesús que abandona este mundo para ir a su Padre en los cielos y luego espera regresar para recibir su Reino. Pero, es también una ilustración del presente siglo malo, donde la gente dice: «No queremos que Jesús reine sobre nosotros, ni nos someteremos a Él como Señor».

¿Cuál es la línea divisoria?

El mundo contiene toda clase de individuos: ateos, gentes de diversas religiones, personas respetables y de buen vivir. Quizá usted diga de esta última categoría: «No pueden ser parte del mundo por cuanto van a la iglesia». Sin embargo, la manera en que usted puede diferenciar si son parte de ese sistema mundial consiste en lanzar el desafío de un compromiso sin reservas con el Señor Jesucristo. Algo puede surgir que no sea tan respetable. Una vez que se quita esa línea religiosa, revelará un rebelde interior; un religioso rebelde, un rebelde de buen vivir y respetable, pero tan rebelde como los comunistas, como los ateos o como los musulmanes.

¿Cuál es la línea divisoria? Simplemente, sumisión a Jesús como Señor. Quienes le son sumisos, no están en el mundo.

186

Salieron del mundo y están en el Reino de Dios. No es posible estar en el Reino de Dios sin tener una relación correcta con el Rey. ¡Muchos quieren estar allí, pero no quieren al Rey! Esto fue cierto en el tiempo de Jesús. Querían el Reino, pero rechazaban al Rey. Y al rechazarlo, pierden el derecho al Reino.

Nadie puede rechazar al Rey y estar en el Reino. Lo que decide si estamos o no en el Reino no consiste en la clase de ropa que usemos o en el tipo de distracciones que nos atraigan; todo reside en nuestra relación con Jesús. ¿Estamos honesta y sinceramente sometidos a Él? Esto no significa que seamos perfectos. De hecho, cuando nos sometemos a Jesús, Él, por lo general, tiene una gran cantidad de cosas que enderezar en nuestras vidas. Significa que de continuo (a veces incluso de mala gana) debemos dejar que nos enderece. ¡Es bien probable que no siempre lo disfrutemos, pero es mucho mejor que la alternativa!

Y era parte de este mundo cuando el Señor me encontró. Como filósofo profesional, no me interesaba para nada la religión. Sin embargo, una noche Dios me extrajo del mundo y me sumergió en el Reino. No tenía ningún conocimiento doctrinal, pero fui encontrado por Jesús y me rendí a Él.

Tuve muchas luchas desde entonces, créanme, pero jamás he tenido el deseo de regresar al mundo. ¿Qué hay en el mundo? Nada de lo que pueda haber allá me atrae o me tienta.

¡Quizá no siempre todo sea fácil en el Reino de Dios, pero es incomparablemente mejor que estar en el mundo! Salí de noche, como Israel de Egipto. Nunca ni por un momento quise volver. Ninguna doctrina me cambió, lo hizo Jesús. Conocí a Aquel a quien debo lealtad y obediencia.

El sistema mundial

El apóstol Pedro, en su Segunda Carta, habla acerca de los juicios de Dios sobre el sistema del mundo:

«Estos ignoran (ciertas personas) voluntariamente, que en el tiempo antiguo fueron hechos por la palabra de Dios los cielos, y también la tierra, que proviene del agua y por el agua subsiste, por lo cual el mundo de entonces pereció anegado en agua» (3:5–6)

Cuando el apóstol dice que «el mundo de entonces pereció», no habla primariamente del mundo físico que existía en ese tiempo. La tierra misma no pereció; el sistema solar no desapareció.

Lo que se alteró en la destrucción fue un determinado orden sociológico, el orden de los seres humanos antes del diluvio. ¿Cuál fue su problema? Obviamente, no estaban sometidos al gobierno justo de Dios, excepto Noé. Dios acabó con ellos en un juicio breve que abarcó todo.

Ahora viene un orden en un mundo nuevo, distinto en muchos diversos aspectos, pero hay una cosa en común con el mundo antes del diluvio: no se somete al mandato justo de Dios. Y recordemos que Él no ofrece ninguna otra alternativa de gobierno; es Jesús o nada.

Consideremos algo de lo que nos dice el Nuevo Testamento acerca del sistema mundial. Estas verdades sobrias y serenas son desconocidas o ignoradas en gran parte de la Iglesia contemporánea.

Tres tentaciones básicas

Aunque las palabras del discípulo amado son contrarias al pensamiento contemporáneo, son muy ciertas:

«No améis al mundo, ni las cosas que están en el mundo. Si alguno ama al mundo, el amor del Padre no está en él.

Porque todo lo que hay en el mundo, los deseos de la carne, los deseos de los ojos, y la vanagloria de la vida, no proviene del Padre, sino del mundo» (1 Juan 2:15–16).

Esto está perfectamente claro, ¿no es así? No hay problema teológico para entenderlo. En las motivaciones del mundo, actitudes, ambiciones, deseos, patrones, modelos o prioridades nada es del Padre. Pero debemos ser muy cuidadosos en nuestra comprensión de esta verdad. No somos enemigos de los pecadores. Dios entregó a su Hijo porque amó al mundo. No vamos a amar el orden del mundo o la forma en que vive. No podemos ser amigos del mundo y tener amistad con Dios. Pero, como el mismo Jesús, podemos también ser amigos de los pecadores.

El pasaje de 1 Juan 2:15–16 revela las tres tentaciones elementales y de mayor importancia: *los deseos de la carne* (del cuerpo físico), *los deseos de los ojos* (concupiscencia de la codicia) y *el orgullo de la vida* (¡que nadie *me* diga qué hacer!). Tales tentaciones actuaron en el huerto del Edén. El árbol de la ciencia del bien y del mal era bueno para comer (el apetito de la carne), era atractivo a los ojos (la pasión de los ojos) y podía hacer a nuestros primeros padres sabios sin necesidad de Dios (la arrogancia y orgullo de la vida).

A Jesús, el enemigo le ofrece las mismas tentaciones en el desierto. Primero satanás le desafió: «...dí que estas piedras se conviertan en pan» (Mateo 4:3). Ahí está el deseo de la carne. Luego, desde el pináculo del templo: «...échate abajo...» (v. 6). En otras palabras: «Haz algo para demostrar cuán grande eres, sin el Padre». Ese es el orgullo de la vida. Y, por último, al mostrarle todos los reinos del mundo y su gloria, todo esto puede ser tuyo con una condición: «...si postrado me adorares» (v. 9). Esto representa el deseo de los ojos.

Alabado sea el Señor pues, mientras Adán fracasó en un ambiente perfecto, Jesús, el último Adán, en un desierto, después de cuarenta días sin alimento, alcanzó una victoria completa y total.

Las tentaciones que Jesús derrotó incluyen la naturaleza de todos los artificios del mundo, que corresponden a uno de los tres encabezamientos: carne, ojos y orgullo de la vida; éste es el de mayor peligro de todas las tentaciones.

El mundo no durará

«Y el mundo pasa, y sus deseos; pero el que hace la voluntad de Dios permanece para siempre» (1 Juan 2:17).

¡Esta afirmación nos deja sin aliento! Todo en este mundo carece de duración, nada será eterno. Pero si une su voluntad con la de Dios, y dice: «Aquí estoy para hacer lo quiere el Señor», usted será inconmovible e indestructible como lo es la propia voluntad de Dios. Nunca será derrotado, por cuanto en últimas a la voluntad de Dios jamás se la puede derrotar. La clave consiste en alinear su voluntad con la del Todopoderoso.

El diablo intentará convencerlo que ceda muchas cosas en diversos terrenos, pero es mentiroso; no lo oiga. ¡Hay muchas bendiciones al unir su voluntad con la de Dios! Acabe con la carga del sentimiento: «En nadie puedo confiar sino en mí mismo». Entregue ese peso en las manos del Padre, pues Él le cuidará.

No debemos ser amigos del mundo

Creo que estará de acuerdo con la voz del autor sagrado cuando dirige estas palabras a los miembros de la Iglesia:

«¡Oh almas adúlteras! ¿No sabéis que la amistad del mundo es enemistad contra Dios? Cualquiera, pues, que quiera ser amigo del mundo, se constituye enemigo de Dios» (Santiago 4:4).

¿Por qué establece Santiago esta comparación tan fuerte de adulterio? Por cuanto los cristianos que se vuelven al mundo, después de comprometerse con Dios, cometen adulterio espiritual, quebrantan la promesa de compromiso hecha a Jesús. No se puede decir eso con mayor claridad. La amistad con el sistema del mundo es enemistad con Dios. Usted elige.

El mundo nos aborrecerá

De los diversos escritores del Nuevo Testamento, Juan gasta muy buena cantidad de tiempo para hacerlo sobre el mundo. Es uno de sus temas principales. Así, el capítulo 15 de su evangelio reproduce las palabras que Jesús dirigió a sus discípulos quizá justo antes de dejarlos:

«Si el mundo os aborrece, sabed que a mí me ha aborrecido antes que a vosotros. Si fuerais del mundo, el mundo amaría lo suyo; pero porque no sois del mundo, antes yo os elegí del mundo, por eso el mundo os aborrece» (v. 18–19).

Les ruego observar que, en el notable versículo 19, el término *mundo* aparece seis veces. ¡Dios debe procurar decirnos algo! Mirémoslo de nuevo con mayor cuidado, en otra versión:

«Si fueran del mundo, el mundo los querría como a los suyos. Pero ustedes no son del mundo, sino que yo los he escogido de entre el mundo. Por eso el mundo los aborrece» (NVI).

No puede haber duda alguna acerca del significado que dio a entender Jesús. No nos deberemos sentir o preocupar si el mundo nos aborrece. El problema con la iglesia contemporánea consiste en que el mundo *no* nos odia.

Un poco antes, Jesús dijo a sus hermanos que no creían en Él: «No puede el mundo aborreceros a vosotros; mas a mí me aborrece, porque yo testifico de él, que sus obras son malas» (Juan 7:7). Ellos eran parte del mundo, pues por aquella época rechazaron el gobierno justo de Dios en la Persona de su hermano.

Mientras usted sea parte del mundo, éste no lo aborrecerá. Sin embargo, si se aparta de éste y da testimonio de la verdad y la justicia, entonces le *odiará*.. ¿Por qué hoy el mundo por rareza aborrece a la Iglesia? Porque no lo molesta ni lo avergüenza. Se siente cómodo con nosotros los creyentes.

Alguien calculó que puede haber cincuenta millones de cristianos nacidos de nuevo en los Estados Unidos de Norteamérica. Si eso fuera cierto, el mundo sentiría el impacto. Mas la verdad reside en que nosotros, los cristianos, escasamente afectamos al mundo. Apenas frunce los hombros. De modo semejante, hoy, en casi todas las naciones europeas, se ve al cristianismo como un anacronismo, una remota presencia del pasado. Tiene catedrales aquí y allá, pero eso no dice mucho a la vida contemporánea. El mundo no está contra el cristianismo; el mundo simplemente sigue su marcha.

El mundo está en manos enemigas

No se vaya a disgustar conmigo por lo que sigue. ¡Disgústese con Juan, pues lo escribió así!

«Sabemos que somos de Dios, y el mundo entero está bajo el maligno» (1 Juan 5:19).

¿Quién es el maligno? Hasta un niño lo sabe: satanás. Una traducción más literal sería: «Todo el mundo yace *en el (dentro del)* maligno». En otras palabras, tiene a todo el mundo bajo su control.

Otra obra escrita por el apóstol Juan, el Apocalipsis, da cuatro principales títulos de satanás en un solo versículo:

«Y fue lanzado fuera el gran dragón, la serpiente antigua, que se llama diablo y satanás, que engaña al mundo entero...» (12:9).

Primero, nuestro adversario es el *diablo*. La voz griega *diabolos* significa literalmente «difamador, calumniador». Luego viene *satanás*, que quiere decir «enemigo, oponente, que resiste». Tercero, es *dragón*, una criatura monstruosa y aterradora. Por último, es *serpiente,* un reptil artero, culebra astuta. ¡Si no se puede abrir camino por la puerta delantera, se deslizará adentro por los sifones del desagüe!

¿Qué hace el enemigo en esos cuatro papeles? Simplemente procura engañar al mundo entero.

El escape del sistema mundial

Si usted acepta esas afirmaciones acerca del mundo, debe reconocer que, como cristianos comprometidos, no tenemos lugar en el mundo. Simplemente, no le pertenecemos. La lista que di de las formas que toma el engaño del mundo está lejos de ser completa. Nos debemos liberar de los valores de este mundo, de sus veredictos, sus juicios, su presión y sus atracciones. No podemos permitir que ninguno de ellos domine nuestro pensamiento.

En nuestra cultura contemporánea, la televisión es el canal más simple y más grande de las presiones del mundo. No digo que todo en la televisión sea malo, pero su televisor canaliza todo lo del mundo dentro de su hogar. La televisión nos atrae, nos manipula y nos tienta. Es una demostración de hechicería, de control espiritual en una vastísima escala. De manera semejante, la finalidad de muchos anuncios televisivos consiste en hacer que usted desee cosas que no necesita y que compre cosas que no tiene cómo pagar. ¡Y resulta! Los interesados gastan millones de dólares en propaganda porque logran que ese dinero regrese multiplicado.

193

No puedo decidir su estilo de vida, pero decidí el mío y la televisión no lo domina. ¡Que conste que eso no es sacrificio! Si usted quisiera torturarme, podría ponerme frente a un televisor y hacerme ver los diversos programas varias horas cada día.

No sugiero que todos sean como yo, pero es necesario que se pregunte de dónde vienen mis valores, mis modelos, mis juicios, mis prioridades y mis normas.

Ahora, miremos por un momento el triste cuadro que Pablo hace de ciertos cristianos que no aplican la cruz a sus vidas:

«Porque por ahí andan muchos, de los cuales os dije muchas veces, y aun ahora lo digo llorando, que son enemigos de la cruz de Cristo; el fin de los cuales será perdición, cuyo dios es el vientre, y cuya gloria es su vergüenza; que sólo piensan en lo terrenal» (Filipenses 3:18–19).

¿Cuál es la raíz del problema en estos individuos? No son enemigos de Cristo sino de la cruz. Quieren todo cuanto pueden obtener de Él. Sólo hay una cosa que no quieren: la obra de la cruz en sus vidas. Nótese que su «dios es el vientre». ¿Y esto no se aplica a muchos de nosotros? También fijan su gloria en lo que debería avergonzarles. La situación se puede resumir en una simple frase: «Sólo piensan en lo terrenal».

¿Y el resultado? Su destino es la destrucción, palabra terrible que se aplica al tiempo y a la eternidad. ¡Que Dios nos ayude a liberarnos de este sistema del mundo!

Arrepentimiento

Únicamente hay un escape, una palabra fuera de moda que se pierde en el vocabulario religioso de muchos de nosotros: arrepentimiento. Consideremos la admonición del precursor que vino a alistar el camino para Jesús:

«Arrepentíos, porque el reino de los cielos se ha acercado» (Mateo 3:2).

Recordemos el propósito de Dios en el Evangelio: presentar e introducir su Reino. ¿Cuál es el primer requisito para entrar al Reino? ¡Arrepentimiento!

Cuando Jesús inició su ministerio, hizo a Juan el Bautista el mayor cumplido posible: comenzó exactamente donde Juan terminó.

«Desde entonces comenzó Jesús a predicar, y a decir: Arrepentíos, porque el reino de los cielos se ha acercado» (Mateo 4:17).

Arrepentirme significa abandonar mi rebeldía. No fijo mis propias normas, ni hago lo que quiero, tampoco sigo mis caminos. Doy la espalda a todo eso y me someto, sin reservas, al Gobernante Justo de Dios: -Jesús.

Creer

Después del arrepentimiento viene la fe. Muchos que luchan por tenerla no pueden creer, por cuanto jamás se han arrepentido. No hay una fe bíblica genuina para la salvación sin arrepentimiento.

¡Así, pues, vuélvale la espalda al sistema rebelde; entre al Reino y sométase al Rey! Ese es el verdadero arrepentimiento. Y de ese modo se alcanza la liberación del sistema del mundo.

PARTE IV

Cómo apropiarse de lo que Dios proveyó

Capítulo dieciséis
DE LO LEGAL A LO EXPERIMENTAL

En los tres capítulos finales, daré una instrucción práctica sobre cómo puede usted apropiarse de cuanto Dios proveyó mediante la expiación. Sin embargo, primero recapitularé los dos temas principales que hasta ahora hemos cubierto.

Ya analizamos los nueve aspectos del cambio que tuvo lugar cuando Jesús murió sobre la cruz:

1. Se le castigó para que yo pudiese ser perdonado.

2. Fue herido para que yo pudiese ser sano.

3. Se le hizo pecado con toda mi pecaminosidad a fin de que yo pudiese ser hecho justo (justificado) con su justicia.

4. Sufrió mi muerte para que yo pudiese compartir su vida.

5. Fue hecho maldición para que yo pudiese recibir las bendiciones.

6. Se conformó a toda mi pobreza a fin de que yo pudiese compartir su abundancia.

7. Soportó mi vergüenza para que yo pudiese compartir su gloria.

8. Jesús tuvo que sufrir y padecer mi rechazo para que yo pudiese gozar de su aceptación.

9. A mi hombre viejo se le crucificó en Jesús con el objeto de que el nuevo pudiese venir a mi vida..

Le animo para que se aprenda de memoria esos cambios. Son las transacciones vitales de la cruz que deberían definir y dar forma a nuestras vidas.

Luego pudimos estudiar los cinco aspectos diferentes de la liberación mediante la aplicación de la cruz en nuestras vidas. Todos se estudiaron a partir de la Carta a los Gálatas. A través de la cruz recibimos:

1. Liberación de la presente era perversa.

2. Liberación de la Ley.

3. Liberación del ego (yo).

4. Liberación de la carne.

5. Liberación del mundo.

Tengamos siempre presente que todo esto lo hizo Dios por amor a sus criaturas. Pero, de muy poco nos va a ser de utilidad, a menos que sepamos cómo nos lo podemos apropiar. Este es el tema que debe seguir con el objeto de equilibrar el presente libro.

Por favor, permítame agregar que si usted deja que se pierda todo aquello que Dios proveyó para nuestro bien, no será porque sea demasiado difícil sino porque es demasiado simple. Nada hay que sea complicado en el plan de Dios para apropiarnos de su salvación.

El modelo de Josué

El libro de Josué contiene un maravilloso patrón que deberíamos seguir. A Josué se le dio la tremenda responsabilidad de llevar a los israelitas a la tierra de Canaán, después de la muerte de Moisés, cuyos hechos fueron difíciles de seguir. El Señor le dijo a Josué:

«Mi siervo Moisés ha muerto; ahora, pues, levántate y pasa este Jordán, tú y todo este pueblo, a la tierra que yo les doy (les estoy dando) a los hijos de Israel. Yo os he entregado, como lo había dicho a Moisés, todo lugar que pisare la planta de vuestro pie» (Josué 1:2–3).

La promesa de Dios utiliza dos tiempos verbales distintos. El versículo 2 emplea un presente continuo con proyección al futuro, mientras en el 3 hay un tiempo futuro que se transforma en un pasado perfecto ya cumplido.

Sabemos que el Altísimo es el propietario de todo en los cielos y en la Tierra, según lo afirma David: «De Jehová es la tierra y su plenitud; el mundo, y los que en él habitan» (Salmo 24:1). Cuando Dios da algo, eso queda establecido, sin que haya discusión al respecto. En este caso, el Señor dijo: «*Les doy* este territorio que ustedes ven». Y luego, volvió a afirmar: «Ya *se lo he dado* a ustedes». A partir de ese momento en adelante, legalmente la tierra entera de Canaán pertenecía a los hijos de Israel. Sin embargo, desde el punto de vista de la experiencia práctica, en realidad no ocupaban nada más sino aquello que tenían antes de hablar el Señor.

Los israelitas podrían mostrar dos reacciones equivocadas. La primera sería desaliento: «El Señor dijo que nos dio todo y como se sabe, apenas contamos con lo que ya teníamos». La otra respuesta sería presunción, lo contrario a desaliento. Podrían haberse alineado sobre la orilla oriental del Jordán, doblarse de brazos, mirar hacia el occidente, y decir: «Todo esto es nuestro». Sin embargo, no tendrían más que antes.

O podían ser un poco más atrevidos, cruzar el Jordán, alinearse en la orilla occidental, cruzar los brazos, mirar al oeste, y decir *entonces*: «Todo esto es nuestro». Desde la perspectiva legal, eso era correcto. Y de nuevo, prácticamente, se equivocaban. Los cananeos aún sabían en realidad quiénes eran los dueños de la tierra.

Aplicación para la Iglesia

A veces la Iglesia puede ser así. En cualquiera de las orillas del Jordán donde estemos, podemos mirar a la Tierra Prometida, y decir: «Todo esto es nuestro».. Legalmente, tenemos razón, pero experimentalmente estamos equivocados. Oigo a muchos decir: «Obtuve todo cuando fui salvo». Pero les respondo: «Si lo consiguió todo, ¿dónde está ese todo? Déjemelo ver».

Pero es cierto. En realidad, cuando nacemos de nuevo, pasamos a ser herederos de Dios y coherederos con Cristo. Todo cuanto pertenece a Jesús, también nos pertenece. Sin embargo, todavía no lo poseemos, por cuanto hay diferencias entre lo que es legal y lo que es experimental y práctico.

Legalmente, todo lo que Jesús hizo en la cruz ya es nuestro. Ya se suministró. Pero, experimentalmente, no entramos en todo lo que Él resolvió. Me pregunto si alguien se puede apropiar en la práctica de cuanto el Señor Jesucristo nos proveyó por medio de su muerte en la cruz.

Por favor, les ruego que recuerden uno de los versículos que miramos en el capítulo 1: «Porque con una sola ofrenda hizo perfectos para siempre a los santificados» (Hebreos 10:14). La cruz es la «sola ofrenda». Dios dice: «Ya la di». Pero ser santificados es como cruzar el Jordán. Debemos marchar en la tierra y tomarla por posesión.

Pelear por lo que obtenemos

Dios hizo dos milagros muy grandes para introducir a los israelitas a la Tierra Prometida: detener las aguas del Jordán hasta dejar el cauce seco a fin de que el pueblo pudiera cruzarlo, y la destrucción de Jericó. Sin embargo, desde ese momento, tuvieron que combatir por lo que iban a alcanzar. Esto también es cierto en la vida cristiana. Dios hará determinados milagros para que usted entre. Luego, usted irá a apoderarse únicamente de aquello por lo que luche. ¡Si no pelea, no lo consigue!

Como se sabe, según la historia, los israelitas no poseyeron toda la tierra de una sola vez. Tuvieron que convivir con pueblos extraños, lo que fue un desastre para ellos. Esto también pinta a la Iglesia; procura avanzar y tiene que coexistir con fuerzas enemigas que no deberían estar allí.

Josué y los israelitas, al entrar a su herencia, son un modelo para nosotros. No cruce los brazos y diga: «Todo esto es nuestro». Se puede desengañar. Y no se desaliente si se encuentra comprometido en batallas. Es parte del proceso.

Restaurados a nuestra herencia

Unas palabras notables en Abdías, uno de los libros proféticos más cortos —sólo tiene un capítulo—, emite un mensaje poderoso acerca de ser restituidos a nuestra herencia. Allí el profeta ilustra la restauración de Israel en la terminación de esta época. Se lleva a cabo en el presente aunque hay mucha distancia por recorrer:

«Mas en el monte de Sion habrá un remanente que se salve; y será santo, y la casa de Jacob recuperará sus posesiones» (Abdías 1:17).

Nótense tres ideas cruciales: *liberación, santidad* y, claro está, *el pueblo de Dios que recupera sus bienes.* (Es posible tener posesiones que nunca poseemos). Estos son los pasos —es un bosquejo muy simple— para que al pueblo de Dios se le restaure su herencia.

Estoy íntimamente comprometido con Israel y con el Oriente Medio, aunque no soy judío. Mi perspectiva de la historia —y debo advertir que es un punto de vista muy personal— reside en que los judíos, debido a una desobediencia reiterada en diversas ocasiones, se vieron exiliados por algo así como diecinueve siglos de aquella herencia que Dios les dio. En la actualidad están de regreso.

Esto es cierto no sólo de Israel sino también de otro pueblo del pacto de Dios, la iglesia. Durante casi el mismo tiempo, a la iglesia se le exilió de su herencia dada por Dios en Cristo. Si compara usted a la iglesia como se la pinta en el Libro de los Hechos, con el cuadro de la misma a través de los siglos, estará de acuerdo en que hay muy poca correspondencia entre ellas. Israel que regresa a su herencia geográfica es un modelo y un reto para la iglesia que vuelve a su herencia espiritual en Cristo. Los pasos son los mismos: *liberación, santidad* y *recuperación de nuestras posesiones.*

En la sección anterior, y otra vez al principio de este capítulo, miramos las cinco formas de liberación según se dan en la Carta a los Gálatas. Estas liberaciones son esenciales si el pueblo de Dios ha de recuperar su herencia.

Pero no vayamos a reclamar nuestra herencia si no hay santidad. En consecuencia, es bueno tener presente el pasaje de Hebreos 10:14:

«Porque con una sola (única) ofrenda hizo perfectos para siempre a los santificados (hechos santos)».

A medida que progresamos en santidad —recordemos que este término quiere decir apartados para el servicio y la gloria del Señor—, nos moveremos de regreso hacia nuestra herencia.

¿Dónde entra la fe?

Ahora llegamos al aspecto práctico ¿Cómo podemos apropiarnos de la provisión que se hizo para nosotros en la cruz?

Primero debemos enfatizar la fe:

«Pero sin fe es imposible agradar a Dios; porque es necesario que el que se acerca a Dios crea que le hay, y que es galardonador de los que le buscan» (Hebreos 11:6).

No sirve nada procurar complacer a Dios sin fe; es imposible. Entonces, ¿qué hay para creer? Según este versículo, debemos creer dos cosas relacionadas con Dios: «Que Él es, y que es galardonador de los que le buscan con diligencia».

Casi todos creen que Dios existe. Eso no es suficiente. Debe usted creer que si busca a Dios diligentemente, Él le premiará. La fe es básica, pero hay otra cosa que es también un fundamento muy grande: *diligencia* (como sinónimos: esmero, prontitud).

Examine su Biblia con todo cuidado y vea si puede encontrar algún pasaje que hable bien de la pereza. ¡No tiene ni una sola buena palabra al respecto! La Biblia condena la embriaguez, pero condena la pereza con una mayor severidad. Sin embargo, algunos de nuestros valores en la Iglesia se han distorsionado porque condenamos a quienes beben y se embriagan pero toleramos a quienes son perezosos.

No sólo la fe es necesaria, la diligencia es también imprescindible. Dios jamás guarda distinciones para el perezoso. ¡Esto exige un ajuste en las prioridades. Necesitamos tener fe en que si buscamos a Dios con *celo* y *solicitud*, entonces vamos a recibir recompensas.

Hay ocasiones en que usted persigue a Dios con diligencia, pero parece que no recibe ninguna retribución. ¡Seguro que no soy el único a quien le ha pasado así! Por tanto, usted debe sostenerse en fe. Hebreos dice que Dios recompensa a quienes lo buscan. Si usted lo ve o lo siente, sea lo que suceda, su homenaje es seguro. Puede que no venga cuando se le espera. O quizá no llegue en la forma que se desea. Pero es seguro. Dios sabe premiar a quienes demandan su amistad.

Pero, ¿cómo hacemos para obtener una fe tan poderosa?

Al principio de este libro, describí cómo estuve enfermo durante todo un año en el hospital, en búsqueda de fe con absoluta desesperación. Y entonces Dios me regaló un versículo maravilloso. ¡Ustedes no se imaginan cuánto reconocimiento guardo al Señor por esas palabras! Fueron un rayo de luz en mis tinieblas:

«...la fe es por el oír, y el oír, por la palabra de Dios» (Romanos 10:17).

Este versículo fue un salvavidas para salir del hospital. Y todavía tiene un enorme valor real para mí.

Pero no debemos simplificar en exceso las cosas. Algunos dicen que la fe viene por oír la Palabra de Dios, pero con absoluta exactitud Pablo no dice así. Dice que lo que viene de la Palabra de Dios es oír y que lo viene del oír es la fe. Estas son dos etapas. Cuando usted se expone a la Palabra de Dios con una mente y un corazón abiertos, primero viene el oír; la capacidad de oír aquello que Dios dice. Y se vuelve real para usted. Luego, como producto del oír, se desarrolla la fe.

Darle tiempo a Dios

El problema en muchos de nosotros radica en que no concedemos el tiempo necesario para que el oír produzca la fe. Debe usted exponerse a la Palabra de Dios sin fijar límites de tiempo. Esto lo he descubierto en mi andar con el Señor; no ponerle fronteras a Dios. Si comenzamos a orar y sabemos que sólo disponemos de media hora, recibiremos apenas lo que se puede conseguir en ese tiempo. Por otra parte, si en nosotros hay la actitud de estar para oír de Dios sin limitaciones de tiempo, entonces eso es distinto.

Dios no ofrece fe instantánea. Estamos tan acostumbrados a lo instantáneo que suponemos que el Señor también se rige por lo mismo. Muchos en la iglesia creen que Dios es algo así como una máquina vendedora. Encontrar la moneda correcta, ponerla en la ranura adecuada, y ya se tiene lo que deseamos. Dios no es así. No es una máquina. Es una Persona. Usted se debe relacionar con Él en una forma muy personal a fin de obtener los resultados que quiere.

Por tanto, le sugiero que se disponga y se prepare para dar mucho más tiempo del que casi todos los cristianos dedican para oír lo que Dios, en su amor, va a decirle por medio de su Palabra. Si no ofrece tiempo suficiente para oír, todo lo usted haga será leer la Biblia. La fe no viene por leer la Biblia; viene por oír de Dios a través de la Biblia. Primero oír, luego fe.

Permítale a Dios hablarle

En Romanos 10:17, el término griego para «palabra» es *rhema* [literalmente dice rématos = rhématos]. Se refiere no a la Palabra de Dios establecida para siempre en los cielos (donde la voz griega es *logos*) sino a la palabra que Dios le habla a usted en un momento determinado. Recordemos lo que dijo el Señor Jesús al tentador: «...Escrito está: No sólo de pan vivirá el hombre sino de toda palabra [*rhema*] que sale de la boca de Dios» (Mateo 4:4).

No vivimos por un volumen impreso que se llama Biblia, si se me permite decirlo de esta manera; vivimos por la Palabra que el Espíritu Santo hace verdad para nosotros personalmente en cualquier momento. A la Biblia la conforman hojas de papel blanco con caracteres negros escritos encima. Esos caracteres no sirven en absoluto para nada bueno. Pero el Espíritu Santo los transforma en algo que produce fe y hace de la Palabra de Dios una palabra viva. Entonces se convierte en *rhema*.

En el curso de aquellos primeros meses en el ejército británico, cuando, como filósofo, estudiaba la Biblia, sentí que mi deber consistía en saber lo que la Biblia tenía para decir. En ésta nada vi que me atrajese; tan sólo pensé que no me era posible hablar con autoridad de la Biblia si ignoraba su mensaje. Leerla era motivo de tedio. Sólo la determinación y el análisis me permitieron seguir.

Ningún libro me va a derrotar, pensé. *Comenzaré desde el principio y lo leeré hasta el final.*

Luego, después de nueve meses, tuve un encuentro sobrenatural con Jesús en medio de la noche. No fue una decisión intelectual sino una experiencia. Al día siguiente, cuando tomé la Biblia, ¡era distinta por completo! Era como si tan sólo existiesen dos personas en el universo: Dios y yo. La Biblia era ahora la voz de Dios que me hablaba personalmente. ¡Fue algo dramático!

Aquí cada uno de nosotros tiene que venir. Sea como lo tome, no se detenga para acortar una relación con Dios, donde su Palabra le hable a usted en forma personal. Primero necesita cultivar el oír. ¡Luego, de ese punto, sale la fe!

Cómo leer la Biblia

¿Me permite ofrecerle dos sugerencias acerca de cómo debe acercarse a las Escrituras?

Como Palabra de Dios

Pablo manifestó su gozo a los creyentes de Tesalónica al decirles que eran un ejemplo para todos los cristianos de los alrededores. Expuso una razón muy clara para el éxito de ellos en el siguiente versículo:

«…damos gracias a Dios, de que cuando recibisteis la palabra de Dios que oísteis de nosotros, la recibisteis no como palabra de hombres, sino según es en verdad, la palabra de Dios, la cual actúa en vosotros los creyentes» (1 Tesalonicenses 2:13).

Si usted recibe la Escritura no como palabra que viene de hombres --no en el mismo nivel que los escritos humanos y la sabiduría humana sino como si el mismo Dios le hablase—, hará entonces su obra en usted. Cuando usted, por un acto de fe, abre su corazón a la Palabra del Señor, hará lo que Dios dijo que va a hacer. «De modo más que efectivo obra y actúa en usted que cree».

Con mansedumbre (humildad)

El segundo requisito aparece en la carta que Santiago escribe a la iglesia:

«Por lo cual, desechando toda inmundicia y abundancia de malicia, recibid con mansedumbre la palabra implantada, que puede salvar vuestras almas» (1:21). O también: «Por esto, despójense de toda inmundicia y de la maldad que tanto abunda, para que puedan recibir con humildad la palabra sembrada en ustedes, la cual tiene poder para salvarles la vida» (NVI).

¿Qué significa recibir la Palabra de Dios con mansedumbre? Significa reconocer que Dios es el Maestro y nosotros los alumnos. Nunca le decimos a Dios cómo debe gobernar el universo, ni cómo debe manejar nuestras vidas. Con humildad le dejamos que nos enseñe.

Apenas recientemente concebí una nueva definición de fe, que es muy sencilla: *Fe es tomar a Dios con toda seriedad.* Leer la Biblia con fe es tomar en serio todo cuanto dice Dios. Cuando Él dice: «Haz esto», lo hacemos.

Este es un ejemplo. ¡Con certeza cambiará su vida si usted lo capta!

El apóstol dice: «Dad gracias en todo...» (1 Tesalonicenses 5:18). ¿En cuántas cosas? En todo. ¿Cree usted eso? ¿Lo toma en serio? ¿Lo hace?

Cuando usted se pone la ropa, agradézcale a Dios por sus ropas. Tenga presente que hay muchos que no tienen suficiente para vestirse. ¿Qué hace cuando se calza? Hay en el mundo gran cantidad de seres humanos que no tienen zapatos. Si entra en su auto, déle gracias a Dios por éste. Cuando conduzca por la autopista, agradézcale a Dios por esa carretera. Incluso si está atestada de carros, camiones, buses, etc., y el tránsito no fluye, fue necesario mucho trabajo y una suma altísima de dinero para construirla. No la considere como algo que se merece.

En otras palabras, no se limite a reconocer a Dios en forma esporádica, cuando le venga a la mente, sino que darle gracias por todo se le convierta en un hábito. ¡Eso le transformará!

Este es un ejemplo de aquello que, de acuerdo con mi parecer, considero recibir con mansedumbre la Palabra de Dios. Quizá usted pueda pensar: «Eso no me parece razonable. Después de todo, pagué con mi dinero por mis ropas, mi calzado, mi automóvil». No, por favor, reciba la voz del Señor con humildad y mansedumbre. Diga: «Muy bien, Padre Celestial, tu Palabra dice que te agradezca; entonces, *te doy las gracias* por todas esas cosas».

Pasar de lo legal a lo experimental

Cierro este capítulo con un resumen muy ilustrativo sobre la manera en que debe moverse de lo legal a lo experimental mediante la aplicación de la Palabra de Dios. Jesús dijo:

«Mas buscad primeramente el reino de Dios y su justicia, y todas estas cosas os serán añadidas» (Mateo 6:33).

Tiene usted que darle prioridad en su vida a Dios y a su Palabra sobre todas las demás cosas. Busque a Dios y a su Palabra primero. Recuerde, por favor, dedicar tiempo suficiente a la Palabra para así en realidad edificar su fe. Recíbala como la Palabra personal de Dios para usted. Y, claro está, recíbala con mansedumbre (humildad), a fin de obedecer de modo inmediato lo que ordena.

Permita que estas cosas tomen prelación sobre cualesquiera otras razones en su existencia. Cuando ajuste sus preferencias y tenga la actitud correcta hacia Dios y su Palabra, con el objeto de permitir que la fe pueda hacer su entrada, se hallará en el camino de recibir todo cuanto Dios proveyó para usted. Entonces, como algo más que natural, puede obtener todo aquello que Jesús ya suplió por medio de su muerte en la cruz.

Capítulo diecisiete
NUESTRA GUÍA PERSONAL
A LA SALVACIÓN QUE
TODO LO INCLUYE

Vimos que el sacrificio de Jesús en la cruz suministró todo cuanto necesita cualquier creyente en el tiempo y en la eternidad. Ya se completó, pero nuestra apropiación es progresiva. ¿Cómo entramos en todo lo que Dios proveyó mediante el sacrificio de nuestro Señor Jesucristo en la cruz?

En el capítulo previo, señalé el primer requisito esencial: fe. La persona que viene a Dios debe creer. La fe no es una alternativa. De acuerdo con Hebreos 11:6, usted debe creer que Dios es y que recompensa a quienes le buscan con diligencia.

En este capítulo, vemos otro requisito: aprender a relacionarnos con el Espíritu Santo. Él nos guía para apropiarnos de todas las provisiones de la expiación de Cristo. Además, personalmente, lo conducirá a todo lo que necesita.

¡La salvación no es apenas conseguir que se perdonen sus pecados, aunque, gracias a Dios, es una parte esencial de ella! La salvación es la provisión absoluta de Dios para su pueblo por medio del sacrificio de Jesús.

En el capítulo 4, hablé acerca de la palabra griega *sozo*, que se traduce normalmente «salvo». Señalé que en los evangelios esta palabra se usa para hablar de la sanidad en los enfermos, para la liberación de malos espíritus a las personas, para levantar a los muertos y para la preservación total del pueblo de Dios. Esta única palabra describe todos estos beneficios. Mi definición de *salvación*, entonces, cubre todo lo que se nos proveyó —espiritual, físico, emocional, material— por el sacrificio de Jesús en la cruz, para el tiempo y para la eternidad.

Nacer de nuevo es una experiencia de un tiempo. Sucede una vez y le pone a usted dentro de la salvación. Ser salvo es una experiencia progresiva; algo en lo que tiene que andar, explorar y poseer. La salvación es como la tierra de Canaán, que a Israel le tocó conquistar en etapas.

El salmo 78 nos enseña que la salvación comprende cuanto Dios hizo por su pueblo desde Egipto hasta la Tierra Prometida. Incluye todo acto de misericordia, de bendición y de provisión. Cubre la liberación y la salida de Egipto, el paso a través del Mar Rojo, el descenso de la nube sobre los hebreos, la provisión de maná, el suministro de agua a partir de la roca, la maravilla que las ropas y el calzado nunca se les gastaron, así como que el Señor expulsó a las naciones delante de ellos. Todo esto y más se resume en esa única palabra: *salvación*..

Sin embargo, los israelitas fueron incrédulos y no obedecieron y «hablaron contra Dios...» (Salmo 78:19).

«Por tanto, oyó Jehová, y se indignó; se encendió el fuego contra Jacob, y el furor subió también contra Israel, por cuanto no habían creído a Dios, *ni habían confiado en su salvación*» (Salmo 78:21–22).

¿En qué consistía el problema básico de los hebreos? No creyeron en Dios ni confiaron en su salvación absoluta. A partir de este pasaje, es aparente que la incredulidad hace que Dios se disguste.

¿Podría ser que el mismo problema es con frecuencia cierto en la iglesia? No creemos en Dios conforme Él desea que creamos. No confiamos en su provisión total para cada necesidad. Sin embargo, Dios quiere que confiemos en Él para todo.

El Espíritu Santo, en la Carta a los Romanos, declara que la provisión de Dios para nosotros incluye «todas las cosas». Este pasaje es como un cheque en blanco. El Señor firmó el cheque, puso los nombres y apellidos de usted en el mismo, pero no fijó una suma determinada. ¡Entonces, escriba toda la cantidad que le haga falta!

«El que no escatimó ni a su propio Hijo, sino que lo entregó por todos nosotros, ¿cómo no nos dará también con él *todas las cosas*?» (8:32).

Si el Padre quiso dar para que muriese en la cruz a Jesús —el tesoro más precioso en el universo, la posesión más cercana al propio corazón de Dios—, no puede haber ninguna otra cosa que nos vaya a negar. Recuerde que, sin Jesús, usted no tiene derecho a reclamar nada de Dios, excepto el juicio. Pero con Él y a causa de Él, Dios le dará todo lo que necesite. No hay nada más que se pueda hacer; no hay ningún costo extra. *Dios le da gratis todas las cosas.*

Esa es la salvación que todo lo incluye. Llega a través del don que es el sacrificio de Jesús en la cruz. Pero, no podemos entrar en esta salvación total sino hasta cuando reconozcamos la parte que juega el Espíritu Santo.

¿Qué hace el Espíritu Santo?

El idioma griego tiene tres géneros: masculino, femenino y neutro. El término griego para Espíritu es *pneuma* —viento, aire, aliento o espíritu—, y es de género neutro. El pronombre correcto para reemplazar *Espíritu*, por tanto, sería *ello*. Pero cuando Jesús habla acerca del Espíritu Santo —en Juan 16:13, por ejemplo— no dijo *ello*; dijo *Él*: «Pero cuando venga el Espíritu de verdad, él...».

Así, en este pasaje, se quebrantaron las leyes gramaticales. Jesús enfatiza que, a pesar del empleo gramatical común, el Espíritu Santo no es neutro, un ello, sino un *Él*. El Espíritu Santo es tan Persona como Dios Padre y como Dios Hijo.

Una de las claves para el éxito en la vida cristiana reside en aprender a relacionarnos con el Espíritu Santo como Persona. Si le invitamos a entrar y cumplimos con la condiciones, vendrá a nosotros como Persona. Debemos aprender a relacionarnos con Él, como Persona. ¡Debemos ser sus amigos; sin duda es una Persona buena como para tenerla como amigo!

¿Cómo nos ayuda el Espíritu Santo a apropiarnos de todas las provisiones que hay en la expiación de Cristo?

Administra salvación

El Espíritu Santo es el único Administrador de la salvación. Tiene la llave del almacén de todas las provisiones del Señor. Abre la tesorería de Dios y nos da cuanto necesitamos. ¡Sin embargo, es una de las personas a quien más se descuida en la Iglesia! Incluso los pentecostales y los carismáticos, que hablan muchísimo acerca del Espíritu Santo, con frecuencia lo ignoran.

Si quiere recibir su herencia y tener acceso a lo que Dios proveyó, haga amistad con el Espíritu Santo. En Juan 16, el Señor Jesús se alistaba a fin de dejar a sus discípulos y los preparaba para lo que iba a venir.

«Pero yo os digo la verdad: Os conviene que yo me vaya; porque si no me fuera, el Consolador (el Espíritu Santo) no vendría a vosotros; mas si me fuere, os lo enviaré» (v. 7).

Nótese que Jesús habló de un cambio de personas. «Yo como Persona voy de regreso al cielo —dijo—, pero en mi lugar les enviaré otra Persona». Y anunció algo sorprendente: «Para ustedes es una ventaja que yo me vaya, es decir, para ustedes será mejor que Yo esté en el cielo y el Espíritu Santo aquí en la Tierra, que ustedes ahora conmigo en la Tierra y el Espíritu Santo en el cielo».

Casi todos los cristianos son incapaces de captar esto. Pensamos cuán maravilloso sería haber vivido antes en los días cuando Jesús estuvo aquí en este mundo con sus discípulos. Habría sido fantástico, pero Jesús dijo: «Eso era apenas una etapa de transición. Ahora les conviene que yo los deje y que el Espíritu Santo ocupe el puesto mío en la Tierra. Luego, desde el cielo, podré obrar a través del Espíritu por todas partes en el mundo al mismo tiempo, sin estar limitado a un cuerpo físico. Por tanto, para ustedes es más conveniente que los deje».

Nos guía a la verdad y señala a Jesús

Un tanto más adelante, el Señor volvió a decir:

«…cuando venga el Espíritu de verdad, él os guiará a toda la verdad; porque *no hablará por su propia cuenta*, sino que hablará todo lo que oyere, y os hará saber las cosas que habrán de venir» (Juan 16:13).

El Espíritu Santo es la Persona que en el universo atrae menos la atención sobre Él mismo. Por este motivo, en cierto sentido, tendemos a ignorarlo. Jesús dijo que, cuando viniera el Espíritu Santo, no diría nada de sí mismo sino apenas lo que oye decir al Padre y al Hijo. ¿El Espíritu Santo sobre quién atrae la atención? Únicamente sobre Jesús, que dijo:

«Él me glorificará...» (Juan 16:14).

Una de las pruebas más grandes para saber si algo es del Espíritu Santo no es la cantidad de ruido que produzca sino si glorifica a Jesús. En efecto, si exalta una personalidad humana o se enfoca en una doctrina o en una denominación, eso no es obra del Espíritu Santo, por cuanto no glorifica tales cosas. Él solamente glorifica a nuestro Señor Jesucristo.

Si queremos atraer al Espíritu Santo —actividad digna de compromiso—, deberíamos dedicar tiempo a exaltar y alabar el nombre de Jesús. Entonces, el Espíritu Santo dirá para sí mismo: *esto es lo que me encanta oír ahora. Iré y pasaré algún tiempo con estas personas.*

Así, pues, vale la pena aprender lo que le gusta al Espíritu Santo y cumplir con sus requisitos.

Nos ayuda a discernir la verdad

El Espíritu Santo no tan sólo nos conduce a toda verdad sino también es el único Guía confiable. Recordemos las palabras del discípulo amado a los primeros cristianos: «Pero vosotros tenéis la unción del Santo, y conocéis todas las cosas» (1 Juan 2:20). Es obvio que aquí se refería al Espíritu Santo. ¡Cómo sería de bueno que hoy el pueblo de Dios tuviese aquella unción para discernir entre lo que es cierto y lo que es falso! A menudo los cristianos, «llenos del Espíritu», son la gente más fácil de engañar y distraer. No aprenden a diferenciar entre lo ruidoso, lo carnal, lo afectado, lo petulante y lo que glorifica a Jesús.

Vayamos a las palabras de Jesús a sus discípulos en el Evangelio de Juan:

«Él (el Espíritu Santo) me glorificará; porque tomará de lo mío, y os lo hará saber. Todo lo que tiene el Padre es mío; por eso dije que tomará de lo mío, y os lo hará saber» (Juan 16:14–15).

¡Nótese, por favor, la modestia de Jesús! No quiere dejar-nos con la impresión que es dueño original de todo. Dice: «Es mío sólo porque el Padre me lo dio». ¡Qué hermoso ejem-plo de dar gloria a otro! El Espíritu Santo glorifica a Jesús, y Jesús glorifica al Padre. Luego señala al Espíritu Santo, y dice: «Cuando venga el Espíritu Santo, tomará de lo que es mío y se lo declara o revela o imparte a ustedes».

Vemos, entonces, que el Espíritu Santo tiene la llave de la bodega de los tesoros de Dios. Todo cuanto poseen el Padre y el Hijo lo administra el Espíritu Santo. Muchos cristianos estudian doctrina, *pero* jamás se hicieron amigos del Espíritu Santo. Sin embargo, vale la pena tener amistad con Él.

Un cuadro bíblico

En la Iglesia podemos contar con el enorme privilegio de un Guía y un Protector maravilloso que nos acompañará en nuestro largo viaje a través de la vida: el Espíritu Santo. El Libro de Génesis, capítulo 24, nos brinda un cuadro muy ilustrativo de su papel en el relato donde se lee acerca del deseo de Abraham por encontrar una esposa para su hijo Isaac.

«No voy a elegir una esposa para mi hijo entre las hijas de Canaán», dice Abraham, al reflejar una práctica típica del Oriente Medio que ha perdurado hasta hoy. «Debe ser de mi gente». Entonces, el patriarca envía a su criado a su propio pueblo a fin de buscar la novia adecuada y traerla a casa.

En esta historia, Abraham representa a Dios Padre. Isaac, el único hijo engendrado, es un tipo de Jesucristo. Rebeca, la novia escogida, es tipo de la Iglesia. Un personaje más, el sirviente, a quien nunca se le nombra, es ejemplo del Espíri-tu Santo. Génesis 24 es el autorretrato del Espíritu Santo, pero Él jamás firma ese cuadro.

El siervo sin nombre parte con diez camellos cargados de regalos. (Si usted ha permanecido algún tiempo en el Medio Oriente, como yo, ¡puede hacerse cargo de cuánto puede llevar un camello!). De modo semejante, cuando viene el Espíritu Santo, no aparece con las manos vacías. Él tiene consigo diez camellos llenos de presentes. (¡En verdad usted es muy necio si no hace amistad con Él!).

Cuando el criado llega al pozo en búsqueda de la muchacha correcta, hace una oración: «Dios de mi amo Abraham, te suplico que la mujer precisa me ofrezca agua no sólo para mí —como cualquiera lo haría— sino también para los camellos».

Como un camello puede beber cuarenta galones de agua y el siervo tiene diez camellos, esa joven deberá subir del pozo cuatrocientos galones de agua. La muchacha que haga esto no sólo deberá ser amable y bonita sino también fuerte y musculosa. ¡Qué clase de esposa hará!

Esto siempre me recuerda de un comentario que hizo un joven de África, donde por cinco años enseñé a alumnos para que fuesen maestros. Acostumbraba andar con mis estudiantes y dirigirles preguntas sin advertencia previa. Una vez interrogué a este joven: «Dime, ¿con qué tipo de chica te quisieras casar?». Sin interrumpir la caminata, me respondió: «Debe ser morena y musculosa». No sé con exactitud qué color tendría Rebeca, pero con certeza no era blanca, y seguramente era fuerte y musculosa.

Mientras el sirviente permanece de pie, cerca del pozo, llega una joven a la que el hombre le dice: «Dame agua, por favor». Y ella contesta: «Toma, y daré de beber a tus camellos también».

¡Ese es un cuadro de la Iglesia! No se trata de una delicada jovencita que se sienta en la fila delantera para cantar himnos sino de una mujer fuerte, con buenos músculos, lista para trabajar, y si es necesario entregar su vida.

El siervo se dice a sí mismo: *esta es la muchacha.*

Después que el criado conoce la familia de Rebeca, les cuenta el deseo de su amo Abraham acerca de encontrar esposa para su hijo Isaac. Entonces, ellos le pasan la pregunta a Rebeca: «¿Quieres irte con este hombre?».

Y para decidir su destino, responde: «Sí, iré».

Eso es fe. Rebeca conoció al criado sólo unas cuántas horas antes, sin embargo, se dispone a salir en una marcha larga y peligrosa con él como su guía y protector. También nosotros, como iglesia, tenemos delante un recorrido amplio y lleno de amenazas antes de encontrar a nuestro Esposo, mas tenemos un Guía y Protector extraordinario y digno de confianza: el Espíritu Santo.

Además, Rebeca nunca ha visto al hombre con quien se iba a casar. Todo lo que sabe sobre Isaac se lo transmitió el siervo. Todo lo que sabemos acerca de Jesús, hasta cuando lo conozcamos en un encuentro personal, lohemos aprendido por el Espíritu Santo. Por tanto, desperdiciaremos una gran cantidad de cosas si no cultivamos una relación íntima y profunda con Él.

Depender del Espíritu para el ministerio

En la Epístola de Pablo a la iglesia de Roma, hay un pasaje de suma importancia para quienes desean prepararse a fin de ministrar en el Cuerpo de Cristo:

«Porque todos los que son guiados por el Espíritu de Dios, éstos son hijos de Dios» (Romanos 8:14).

En el original griego, Pablo utiliza el presente continuo que en castellano se asimila a los que están siendo guiados *regularmente* por el Espíritu de Dios. ¿Quiénes son los hijos de Dios? Aquellos a quienes guía con *regularidad* el Espíritu Santo. En otras palabras, vivo como hijo de Dios cuando estoy siendo guiado regularmente por su Espíritu.

Usted también necesita que lo guíen, pero no las reglas, ni principios, ni técnicas, ni procedimientos y todo lo demás, sino el Espíritu de Dios. Pudo aprender principios, técnicas, reglas, procedimientos diversos, y no digo que esas cosas sean malas; es malo creer en ellas por entero. Sólo hay una Persona en quien podemos confiar por completo: el Espíritu Santo. Si dependemos de Él, entonces nos guiará a todo lo que sea apropiado: procedimiento, regla, técnica, principio. Sin embargo, si descansamos apenas en determinadas normas, sólo vamos a conseguir cuanto tengan para brindarnos los recursos humanos.

Como cristianos, deberíamos contar con la capacidad de darle al mundo más que eso. Por ejemplo, un psicólogo profesional tiene sus reglas y produce un diagnóstico que puede ser correcto o no. Pero tenemos un llamamiento para hacer mucho más. Contamos con un Amigo maravilloso cuyo nombre es el Espíritu Santo. Él ofrece recursos sobrenaturales y divinos a nuestra disposición.

¡Por favor, no se convierta en un psiquiatra amateur! Los psiquiatras pueden ser peligrosos, mas los psiquiatras aficionados con frecuencia son más dañinos.. Cuando alguien llegue a usted para buscar ayuda, no vaya de inmediato a hacer una lista de síntomas. Confíe en el Espíritu Santo. Él puede guiarlo a que elabore esa lista y ésta puede ser correcta, pero no vaya a confiar en ella.. Dependa tan sólo del discernimiento que le dé el propio Espíritu Santo.

Algunos en consejería usan la técnica de llevarlo a usted de regreso desde su edad actual a la juventud, luego a la niñez, y por último hasta el vientre materno. Cuando Jesús encontró a la samaritana en el pozo, no la hizo volver hasta la infancia. En cambio, tuvo una palabra de conocimiento que vino del propio Espíritu Santo:

«Porque cinco maridos has tenido, y el que ahora tienes no es tu marido; esto has dicho con verdad» (Juan 4:18).

Jesús no necesitó decir nada más; aquel discernimiento tan profundo le permitió ver el corazón y la vida de esa mujer de manera instantánea.

Mi primera esposa, Lydia, que está ahora con el Señor, fue una dama muy poco común, si se la considera por cualquier clase de norma. Nació en Dinamarca y era una verdadera vikinga.

Una vez, cuando considerábamos la adquisición de una casa, dos señoras agentes de finca raíz, inflexibles y con actitudes y corazones endurecidos, llegaron para ofrecernos informes acerca de la propiedad que habíamos visto con el propósito de hacernos sus compradores. Estaban decididas a vender.

Como se sentaron juntas en el sofá, Lydia miró a una de ellas y de pronto dijo: «Me parece que sus piernas no son iguales. ¿Quiere que mi esposo ore por usted?».

¿Cómo podría haber dicho que no? Entonces me arrodillé delante de la señora, ví que era cierto, sus piernas no tenían la misma longitud, y oré por ella. La pierna más corta se estiró y creció ante nuestros ojos de manera inmediata. La dama quedó conmovida y fuertemente impresionada.

Me volví con rapidez hacia la otra mujer.

«¿Me permite examinar sus piernas?».

Hubo el mismo crecimiento y quedaron de igual tamaño.

Luego, dije: «¿Qué acerca de los brazos?».

«Oh, no —me contestó— ¡Ya es suficiente!».

Pero, a partir de ese momento en adelante, esas señoras fueron otras personas. En lugar de agentes de finca raíz, duras y sin sentimientos, pasaron a ser mujeres verdaderas con problemas verdaderos que quisieron compartir con Lydia y conmigo. ¡Y nos vendieron una linda casa!

¿Quién hizo la diferencia? El Espíritu Santo.

El Consolador le guiará para que se apropie de todas las promesas que hay en la expiación de Cristo. Él tiene la llave del almacén donde están todas las provisiones del amor de Dios. Y será su Guía personal.

Capítulo dieciocho
APROPIEMONOS DE
NUESTRAS POSESIONES

En los capítulos anteriores, vimos que, gracias al sacrifi
cio de Jesús en la cruz, Dios nos proveyó una salvación
absoluta, completa y perfecta, «perfecta con respecto de todo,
perfecta en todos sus aspectos».

Dios también hizo disponible para nosotros un Guíadivino
a fin de hacernos entrar en nuestra herencia. Ese Guía, también ya sabemos, es el Espíritu Santo.

Miramos la experiencia de Josué y de los hijos de Israel
como un modelo acerca del modo en que Dios introdujo a su
pueblo en su herencia. En Josué 1:2, el Todopoderoso, dijo:
«Yo les doy» la tierra. En el versículo siguiente, Dios dice:
«Yo os he entregado» la tierra. A partir de entonces, legalmente la tierra pertenecía a los israelitas, aunque no habían
siquiera comenzado a ocuparla. Lo que según el punto de
vista de la legalidad era de ellos, tuvo que venir a serlo en la
práctica; es decir, desde la perspectiva experimental.

Exactamente lo mismo es cierto para nosotros, con respecto al sacrificio de Jesús en la cruz. El Señor hizo allí todo.

Proveyó salvación que es perfecta, completa y donde se incluye todo. Pero debemos movernos de lo teórico (legal) a lo práctico (experimental); la cruz vino a ser verdadera en nuestras vidas. Tenemos que apropiarnos en realidad de la provisión absoluta que Jesús hizo para nosotros. Esta no es una experiencia sola y aislada sino una serie progresiva de experiencias.

Además, vimos los diversos usos de la palabra *salvación* en el Nuevo Testamento. Sabemos que comprende una buena cantidad de maneras en las que Jesús se dedica a obrar en nuestras vidas. Su salvación no se limita apenas al perdón del pecado. Asimismo, contiene la sanidad física, la liberación de demonios y hasta levantar una persona de entre los muertos. Todo esto y más se incorpora en un término que todo lo incluye: *salvación*..

Todo esto se hizo disponible para nosotros. Legalmente ya es nuestro mediante la fe en Jesucristo. Sin embargo, como Josué y los israelitas, es indispensable que pasemos de lo legal (teoría) a lo experimental (práctica). El modelo bíblico básico para hacer esto se aprecia el Día de Pentecostés, donde, en Hechos 2:38–39, hay el registro de lo acontecido.

Después que Pedro describe la vida, muerte y resurrección de Jesús, la multitud, ya convencida pero aún inconversa, clama a los discípulos: «Varones hermanos, ¿qué haremos?».͞ En respuesta, Pedro, como vocero de Dios y de la Iglesia, declaró tres trámites sucesivos: *arrepiéntanse, bautícense, reciban el Espíritu Santo*.

Estos son los tres pasos bíblicos por cuyo medio podemos entrar en la salvación absoluta y completa que Jesús obtuvo para nosotros. Consideraremos con alguna brevedad lo que contiene cada uno de tales requisitos.

1. Arrepiéntanse

Para comprender en forma completa el arrepentimiento, necesitamos examinar las distintas palabras que se usan en el griego del Nuevo Testamento, así como las voces hebreas del Antiguo. En griego, el término *metanoo* significa «cambiar la mente».. Es, en forma esencial, una *decisión*. La voz hebrea *shub* quiere decir «volver atrás» o «dar la vuelta». Es una *acción*.

Si combinamos esos significados, vamos a tener un cuadro completo del arrepentimiento. En efecto, se trata de una *decisión* a la que sigue una *acción*.. Primero tomo una decisión. Luego la continúo con la acción apropiada.

Un ejemplo vívido de estos conceptos se halla en la parábola del hijo pródigo, como lo relata Lucas (15:11–32). Primero tomó una decisión: «Me levantaré e iré a mi padre...» (v. 18). Luego, vino la acción correcta. Se puso en camino de regreso y volvió a la casa del padre por la vía que había tomado.

Como alternativa, se puede usar un hecho contemporáneo. El arrepentimiento es hacer un retorno en U. Si ha ido en dirección equivocada, se detiene, da una vuelta de ciento ochenta grados y empieza a moverse en el sentido opuesto. Su arrepentimiento no se completa sino hasta cuando en realidad comienza a marchar en la dirección nueva.

Los requisitos de Dios para el arrepentimiento los enunció primero el precursor de Jesús, Juan el Bautista: «...arrepentíos, porque el reino de los cielos se ha acercado» (Mateo 3:2). Esto lo reiteró el propio Jesús, casi con las mismas palabras, al iniciar su ministerio: «...el reino de Dios se ha acercado; arrepentíos, y creed en el evangelio» (Marcos 1:15).

Infortunadamente, en estos días una gran cantidad de sermones omiten casi por completo en la práctica este primer paso que necesitamos dar: el arrepentimiento.

Hace años, asistí a una reunión muy grande en el sureste de Asia. La gran mayoría de las personas era de ascendencia china; muy pocos estaban familiarizados con la Biblia. El predicador dio una muy buena enseñanza sobre cómo ser sano por medio de la Palabra de Dios, pero no usó el término arrepentimiento. Luego, dijo: «Si usted quiere sanidad, pase adelante para orar».

Me encontré tratando de ministrar a algunas de las muchas personas que pasaron al frente. Entre sus antecedentes había adoración a los antepasados, prácticas de ocultismo e idolatría, ¡y querían a Jesús encima de todo eso! Pero Él nunca estará de acuerdo en ser una añadidura a muchas otras cosas en nuestras vidas. Él es el único cimiento de toda creencia cristiana o no es nada.

El predicador debería haber dicho: «Vuélvanse del ocultismo y de sus caminos perversos. Renuncien a la adoración de sus antecesores y a las prácticas idólatras con las que han vivido por tantas generaciones. Hagan un cambio nítido, significativo, bien claro y vengan a Jesús».. Pero, infortunadamente, el arrepentimiento no era parte de ese mensaje. Como producto o resultado de aquella reunión, hubo muchos confundidos más que un ministerio eficaz. Muy pocos fueron salvos, si acaso algunos, por cuanto no cumplieron con el primer requisito de la salvación: el arrepentimiento.

Muchas iglesias de hoy propagan un mensaje parecido a esto: «Si quiere ser libre de la totalidad de sus problemas, simplemente venga y reciba a Jesús». Pero, recibir a Jesús no se los resuelve todos. ¡De hecho, al principio, quizá puede que se vaya a encontrar con un juego nuevo de dificultades!

El primer requisito invariable para la salvación es arrepentirse. El Nuevo Pacto no reconoce cosa tal como creer para ser salvo sin arrepentimiento, y siempre lo pone antes de creer.

Recordemos las palabras de Jesús resucitado a sus seguidores para explicarles la necesidad de su muerte:

«Y les dijo: Así está escrito, y así fue necesario que el Cristo padeciese, y resucitase de los muertos al tercer día; y que se predicase en su nombre el arrepentimiento y el perdón de pecados en todas las naciones, comenzando desde Jerusalén. (Lucas 24:46–47).

¿Cuál fue el mensaje del Evangelio que Jesús ordenó a sus discípulos? No sólo la remisión de las iniquidades, sino primero el arrepentimiento, y luego el perdón de los pecados.

Cuando Pablo describe su ministerio en Éfeso, dice:

«Y cómo nada que fuese útil he rehuido de anunciaros y enseñaros, públicamente y por las casas, testificando a judíos y a gentiles acerca del arrepentimiento para con Dios, y de la fe en nuestro Señor Jesucristo» (Hechos 20:20–21).

Pablo diseña con gran sencillez el mensaje que predicó a todos, judíos o griegos, en público o en privado: arrepentirse y tener fe en Dios.

Al cierre del Nuevo Testamento, el apóstol Juan registra el mensaje de Jesús a siete iglesias en la provincia de Asia. Para cinco de ellas, su primer requisito fue *arrepentirse.*. Casi con seguridad la proporción de iglesias que en el día de hoy necesitan el arrepentimiento sería igual.

En el curso de los años, me ha tocado aconsejar a cristianos con muy diversas clases de problemas. Al pensar sobre todo cuanto he debido conocer, puedo concluir que en casi todos los casos había un problema raíz: *la falta de arrepentimiento*. Si esas personas hubieran recibido y hecho caso del mensaje de arrepentirse, no habrían tenido necesidad de consejería. Sus problemas se hubiesen resuelto.

En nuestra condición irredenta, el pecado principal del que todos necesitamos arrepentirnos *es la rebeldía contra Dios*. Al finalizar la Segunda Guerra Mundial, los aliados comunicaron a las ya vencidas potencias del Eje el convenio sobre cuya base podría haber paz: *rendición incondicional*. No se firmaría ningún acuerdo de paz sin la existencia de ese requisito. Dios pone exactamente los mismos términos. No concederá paz sobre ninguna otra cláusula sino sobre una incondicional y absoluta rendición. Nada de discusiones, argumentos, exigencias, y mucho menos reservas. Nuestra respuesta inequívoca debe ser de forma inmediata, completa y sincera: «Aquí estoy, Señor. ¡Me rindo y me someto! Dime qué debo hacer».

Apartarse del pecado, volverse a Dios, someterse al Altísimo, y comprometerse con el señorío de Jesucristo es el verdadero arrepentimiento. Según las Escrituras, es el principal requisito *sine qua non* —nunca negociable— para la salvación.

2. Bautícense

El verbo *bautizar* se deriva directamente del término griego que significa «hundir», «consumir» o «sumergir» bajo la superficie del agua o de algún otro líquido. Como ordenanza religiosa, el pueblo judío, en los tiempos de Jesús, ya practicaba ciertas ceremonias que incluían el bautismo. Éste, asimismo, tuvo un papel sobresaliente en el ministerio de Juan el Bautista. Cuando las gentes respondían a su prédica y al mensaje de arrepentimiento, les requería para que se bautizaran en el río Jordán. El bautismo de Juan era, por tanto, el testimonio público para indicar que una persona se había arrepentido de sus pecados, pero no iba más allá de eso.

El mismo Jesús se sometió al bautismo de Juan cuando comenzó su propio ministerio. Pero, en el bautismo de Jesús no hubo reconocimiento o confesión de pecados, por cuanto Jesús nunca cometió ninguno. Según las palabras que aparecen en el libro del primer evangelista, Jesús explicó las razones al dar ese paso: «...porque así conviene que cumplamos toda justicia...» (Mateo 3:15). Mediante esta sumisión al bautismo de Juan, el Señor llenó o completó, por un acto exterior, la justicia interior que poseía eternamente. Al atravesar esta puerta, entró a su propio ministerio público.

Las labores de Juan el Bautista, sin embargo, eran transitorias. Clausuró y selló el ministerio de los profetas en el Antiguo Testamento y abrió el camino para el ministerio de Jesús y del Evangelio. Una vez que el Señor completó su ministerio terrenal y pagó el precio por nuestros pecados, el bautismo de Juan ya no tuvo más validez.

En el Libro de los Hechos (19:1–5) se registra cómo Pablo encontró en Éfeso ciertos discípulos de Juan el Bautista y les explicó el mensaje completo del Evangelio que se centra en la muerte y resurrección de Jesús. Luego bautizó a estos discípulos de Juan con el bautismo cristiano en el nombre del Señor Jesús.

La característica distintiva del bautismo cristiano reside en el hecho que la persona a quien se bautiza se identifica públicamente con Jesús en su muerte, sepultura y resurrección. Pablo recordó a los hermanos de la iglesia en Colosas que «sepultados con él en el bautismo, en el cual fuisteis también resucitados con él, mediante la fe en el poder de Dios que le levantó de los muertos» (Colosenses 2:12).

Para satisfacer el propósito de Dios en el Evangelio, a todos los que claman por salvación, mediante la fe en el sacrificio expiatorio de Jesús, se les requiere dar un testimonio público acerca de este hecho, por medio del bautismo. Es una señal distintiva de su compromiso a Jesús como sus discípulos o seguidores.

En las comunidades no cristianas que existen alrededor del mundo, como las musulmanas o las hindúes, el acto público del bautismo equivale a la imposición de una marca que identifica a un individuo como discípulo de Jesús y con frecuencia produce reacciones negativas muy fuertes entre los no creyentes.

Vale la pena tener en cuenta y recordar las palabras de Jesús cuando envió a sus primeros apóstoles con esta instrucción:

«Y les dijo: Id por todo el mundo y predicad el evangelio a toda criatura. El que creyere y fuere bautizado, será salvo; mas el que no creyere, será condenado» (Marcos 16:15–16).

El bautismo cristiano no es un añadido al proceso de la salvación. Es su consumación. Jesús no prometió la salvación a los que creen sin ser bautizados, y no hay ningún registro en el Nuevo Testamento de alguien que haya pedido la salvación mediante la fe en Cristo sin cumplir con el requisito de someterse al bautizo.

El énfasis definitivo acerca del bautismo cristiano, sin embargo, no se halla en la muerte o en la sepultura de Jesús sino en su resurrección, la cual abre la puerta a un estilo de vida totalmente nuevo. Esto se resume con hermosura y propiedad en la Epístola a los Colosenses:

«Si, pues, habéis resucitado con Cristo, buscad las cosas de arriba, donde está Cristo sentado a la diestra de Dios. Poned la mira en las cosas de arriba, no en las de la tierra. Porque habéis muerto, y vuestra vida está escondida con Cristo en Dios. Cuando Cristo, vuestra vida, se manifieste, entonces vosotros también seréis manifestados con él en gloria» (3:1–4).

3. Reciban el Espíritu Santo

Este es el tercer paso, superior y excelente, del proceso por cuyo medio entramos a poseer nuestra herencia en Cristo. Para un adecuado entendimiento de cuanto esto implica, necesitamos estar de acuerdo en que el Nuevo Testamento nos habla de dos maneras distintas de recibir al Espíritu Santo.

El cuarto Evangelio pone de presente que Jesús, después de su resurrección, apareció a los discípulos que estaban reunidos en un grupo:

«Entonces Jesús les dijo otra vez: Paz a vosotros. Como me envió el Padre, así también yo os envío. Y habiendo dicho esto, sopló, y les dijo: Recibid el Espíritu Santo» (Juan 20:21–22).

De una manera mucho más literal, parte del versículo 22 podría haberse traducido así: «...*respiró* [alentó] *dentro de ellos para luego decirles: Reciban el Aliento Santo*».. A la acción del Señor siguieron sus palabras. En aquel instante, los discípulos recibieron de Jesús el Espíritu Santo como un aliento divino. De hecho, nacieron de nuevo del Espíritu Santo. Recibieron, pues, la vida divina de resurrección; vida que había vencido a satanás, el pecado, la muerte y la tumba.

A la luz de esto, el discípulo amado, afirma: «Porque todo lo que es nacido de Dios vence al mundo...» (1 Juan 5:4). No hay ningún poder en el universo que pueda derrotar la vida de Dios, eterna y divina, que recibe cada creyente en Jesús cuando nace de nuevo por el Espíritu Santo.

Pero los discípulos aún tenían más para recibir del Espíritu Santo. En el espacio de cuarenta días que hubo entre la resurrección de Jesús y su ascensión:

«Y estando juntos, les mandó que no se fueran de Jerusalén, sino que esperasen la promesa del Padre, la cual, les dijo, oísteis de mí. Porque Juan ciertamente bautizó con agua, mas vosotros seréis bautizados con el Espíritu Santo dentro de no muchos días» (Hechos 1:4–5).

Con toda claridad, el bautismo en el Espíritu Santo era algo que para los discípulos aún estaba en el futuro, incluso después de la experiencia que tuvieron con el Señor el domingo de resurrección.

El cumplimiento de esta promesa se registra un poco más adelante en el Libro de los Hechos:

«Cuando llegó el día de Pentecostés, estaban todos unánimes juntos. Y de repente vino del cielo un estruendo como de un viento recio que soplaba, el cual llenó toda la casa donde estaban sentados; y se les aparecieron lenguas repartidas, como de fuego, asentándose sobre cada uno de ellos. Y fueron todos llenos del Espíritu Santo, y comenzaron a hablar en otras lenguas, según el Espíritu les daba que hablasen» (c. 2:1–4).

Hubo tres fases sucesivas en la experiencia que se acaba de mencionar. Primero, hubo un *bautismo*, una inmersión. Todos fueron inmersos (sumergidos) en el Espíritu Santo que descendió sobre ellos desde lo alto. Quizá esto se podría describir como un bautismo en las «cataratas del Niágara».

Segundo, hubo una *plenitud* o *llenura*. Individualmente a todos los llenó el Espíritu Santo, es decir, quedaron plenos.

Tercero, hubo un *derramamiento*. El Espíritu Santo, dentro de ellos, los sobresaturó de tal manera que se derramó para darles un idioma sobrenatural. Glorificaban a Dios en lenguas que no sabían y que tampoco pudieron entender.

La experiencia de los discípulos, en el Día de Pentecostés, demostró el acierto de la frase de Jesús, según el principio que expuso así: «...de la abundancia del corazón habla la boca» (Mateo 12:34). Cuando el corazón está lleno, en otros términos, se derrama a través de los labios en palabras.

Esta experiencia del Espíritu Santo constituyó el equipamiento extraordinario indispensable para hacer que los discípulos fuesen testimonios eficientes del Señor Jesús. Estaba dispuesto que serían testigos de sucesos que eran por completo sobrenaturales: la resurrección y la ascensión de Jesús.

Testificar de tales acontecimientos increíbles y portentosos exigía un poder sobrenatural inusitado que se manifestó de manera inicial durante el Día de Pentecostés, y cuyo registro impresionante siguió a través de todo cuanto nos relata el Libro de los Hechos.

Este poder nunca se le ha quitado a la Iglesia y todavía se encuentra disponible hoy. Pablo, con toda claridad, señala que los dones sobrenaturales y las manifestaciones del Espíritu Santo siguen su obra y su operación en la Iglesia hasta el fin de los tiempos.

«Gracias doy a mi Dios siempre por vosotros, por la gracia de Dios que os fue dada en Cristo Jesús; porque en todas las cosas fuisteis enriquecidos en él, en toda palabra y en toda ciencia; así como el testimonio acerca de Cristo ha sido confirmado en vosotros, *de tal manera que nada os falta en ningún don, esperando la manifestación de nuestro Señor Jesucristo; el cual también os confirmará hasta el fin, para que seáis irreprensibles en el día de nuestro Señor Jesucristo*» (1 Corintios 1:4–8).

Podemos resumir las operaciones del Espíritu Santo bosquejadas en el rápido diseño que antecede, mediante la siguiente comparación entre lo ocurrido en dos días muy importantes y críticos en el registro de la iglesia:

Domingo de Resurrección	*Domingo de Pentecostés*
Cristo resucitado	Ascención de Cristo
El Espíritu de vida	El Espíritu derramado
Resultado: vida resucitada	Resultado: poder para testificar

235

A quienes tuvieron la experiencia del domingo de Resurrección y sienten la necesidad del domingo de Pentecostés, el Señor les ofrece la siguiente promesa:

«En el último y gran día de la fiesta, Jesús se puso en pie y alzó la voz, diciendo: Si alguno tiene sed, venga a mí y beba. El que cree en mí, como dice la Escritura, de su interior correrán ríos de agua viva. Esto dijo del Espíritu que habían de recibir los que creyesen en él; pues aún no había venido el Espíritu Santo, porque Jesús no había sido aún glorificado» (Juan 7:37–39).

También aquí hay tres requisitos simples: ¡tener sed, ir a Jesús y beber hasta cuando se reciba el derramamiento!

Modelos del Antiguo Testamento

Todo esto fue vívidamente predicho en el relato del Antiguo Testamento acerca de la liberación de Israel y su salida de Egipto, como lo recuerda el apóstol Pablo:

«…nuestros padres todos estuvieron bajo la nube-…-todos pasaron el mar-…y todos en Moisés fueron bautizados en la nube y en el mar» (1 Corintios 10:1–2).

Primero, los israelitas, mientras todavía estaban sumidos bajo el oprobio de la esclavitud *en* Egipto, fueron salvos del juicio que Dios manifestó sobre todos los primogénitos mediante la sangre del cordero de la Pascua. A lo largo de las Escrituras, el cordero del sacrificio representa a Jesús, el Cordero de Dios, cuya sangre vertida en la cruz salva del juicio de Dios a todos los pecadores que se arrepienten de sus iniquidades.

Después de eso, los israelitas fueron salvos *fuera* de Egipto, por lo que Pablo describe como un doble bautismo. El bautismo en la nube que desciende sobre ellos desde lo alto tipifica al bautismo en el Espíritu Santo. El paso del pueblo de Israel, a través del Mar Rojo, sobrenaturalmente dividido delante de ellos, es un prototipo del bautismo por inmersión en agua. Este bautismo doble, por último, en forma efectiva, separó a los israelitas de Egipto, tipo de este mundo en su condición caída.

El bautismo en la nube aparece descrito en el segundo libro de la Biblia, con las siguientes palabras:

«Y el ángel de Dios que iba delante del campamento de Israel, se apartó e iba en pos de ellos; y asimismo la columna de nube que iba delante de ellos se apartó y se puso a sus espaldas, e iba entre el campamento de los egipcios y el campamento de Israel; y era nube y tinieblas para aquéllos, y alumbraba a Israel de noche, y en toda aquella noche nunca se acercaron los unos a los otros» (Éxodo 14:19–20).

En esta nube sobrenatural, el Señor mismo descendió para proteger a su pueblo. Hubo un efecto doble. Para los egipcios fueron tinieblas y desánimo, mas a los israelitas les dio luz en la noche. Además, durante toda la noche, impidió que los egipcios pudieran aproximarse a los hebreos.

El ángel de Dios bajó en la nube a fin de servir de defensa a los suyos. El Señor indicó que Él volvería a través del Espíritu Santo para hacer su morada permanente con sus discípulos. Esta nube, en una forma vital y muy nítida, augura el cumplimiento de la promesa que Jesús dio a sus seguidores:

«Yo rogaré al Padre, y os dará otro Consolador (Ayudador), para que esté con vosotros para siempre: el Espíritu de verdad (el Espíritu Santo), al cual el mundo no puede recibir, porque no le ve, ni le conoce; pero vosotros le conocéis, porque mora con vosotros, y estará en vosotros. No os dejaré huérfanos; vendré a vosotros» (Juan 14:16–18).

La descripción de la manera en que sale Israel de Egipto indica que el ángel de Dios estaba en la columna de nube que separaba el campamento de los israelitas del de los egipcios. De modo semejante, el Señor Jesús regresa a los miembros de su pueblo creyente para establecer su vivienda fija e inmodificable con ellos. De esta forma, les suministra tanto consuelo como protección en los momentos de las tribulaciones.

Gracias a este bautismo doble, los individuos del Señor comenzaron un viaje de toda la vida que los llevaría a la heredad preparada por Dios. Día tras día los guió la misma nube que había descendido sobre ellos en las orillas del Mar Rojo. Durante las horas de luz, esta nube les ofrecía abrigo contra el calor del sol, y por la noche les brindaba luz en la oscuridad. ¡Qué tipo perfecto y prodigioso del Espíritu Santo que es al mismo tiempo nuestro Guía y nuestro Consolador!

En el curso del viaje, los israelitas «comieron el mismo alimento espiritual, y todos bebieron la misma bebida espiritual; porque bebían de la roca espiritual que los seguía, y la roca era Cristo» (1 Corintios 10:3–4).

El alimento que comían era el maná que bajaba con el rocío cada mañana. Similarmente, cuando Jesús habló a satanás, también dirigió a sus discípulos al alimento espiritual que Dios preparó para su pueblo en esa época: «...No sólo de pan vivirá el hombre, sino de toda palabra que sale de la boca de Dios» (Mateo 4:4). Para el cristiano de hoy, la fortaleza y la salud espirituales vienen por comer cada día y con absoluta regularidad la Palabra del Señor que nos llega por medio de las Santas Escrituras.

Asimismo, como se mencionó unas cuantas líneas antes, en este mismo capítulo, Jesús dijo:

«En el último y gran día de la fiesta, Jesús se puso en pie y alzó la voz, diciendo: Si alguno tiene sed, venga a mí y beba. El que cree en mí, como dice la Escritura, de su interior correrán ríos de agua viva. Esto dijo del Espíritu que habían de recibir los que creyesen en él; pues aún no había venido el Espíritu Santo, porque Jesús no había sido aún glorificado» (Juan 7:37–39).

Todo creyente nacido de nuevo, por cuanto en su interior habita el Espíritu Santo, tiene dentro de sí mismo una fuente inagotable de agua viva. ¡Qué bendición!

A través del viaje de nuestra vida, nuestra salud y nuestro bienestar espirituales dependen por entero de alimentarnos a diario de la Palabra de Dios —la Escritura— y también todos los días beber del río de aguas vivas —la fuente del Espíritu Santo— que hay dentro de nosotros.

En mi experiencia como cristiano, he aprendido que esto viene a partir de un compañerismo íntimo y diario con el Señor, al «comer» su Palabra y responderle en plegarias de oración y adoración bajo la guía del convencimiento que el Espíritu Santo aviva en los corazones. También se me hizo muy verídico y real que el maná provisto por Dios para los israelitas en su viaje por el desierto, se debía reunir y recoger muy temprano en la mañana. De otra manera, al levantarse el sol, su calor lo disiparía. Para nosotros es de suma importancia, por tanto, que nos alimentemos pronto de la Palabra de Dios en las primeras horas del día, antes que el calor de las preocupaciones del mundo y las diversas responsabilidades echen a perder el maná.

A partir del Mar Rojo en adelante, la columna de nube guió a los israelitas durante el resto del viaje por el desierto. Esto se ilustra en forma muy efectiva con las palabras del apóstol Pablo:

«Porque todos los que son guiados por el Espíritu de Dios, éstos son hijos de Dios» (Romanos 8:14).

Mi objetivo principal, a lo largo de todo este libro, fue equiparlo y prepararlo a usted para el viaje que tiene por delante. Llegó el momento en que debemos separarnos por cierto tiempo. La súplica de mi corazón a Dios Todopoderoso consiste en que usted tenga un recorrido exitoso y con victoria a fin de que un día nos encontremos frente a frente en nuestra heredad celestial.

ACERCA DEL AUTOR

Derek Prince, de padres británicos, nació en la India. Se formó como erudito en griego y latín en la Universidad de Eton (Eton College) y en la Universidad de Cambridge, Inglaterra, donde obtuvo una beca en Filosofía Antigua y Moderna en la Universidad del Rey (King's College). También en la Universidad de Cambridge estudió hebreo y arameo, así como en la Universidad Hebrea de Jerusalén. Además, habla un gran número de otros idiomas modernos.

Mientras servía en el ejército británico, durante la Segunda Guerra Mundial, comenzó a estudiar la Biblia y tuvo un encuentro personal con Jesucristo que cambió su vida. A partir de ese encuentro, llegó a dos conclusiones: primera, que Jesucristo vive; y segunda, que la Biblia es un libro verdadero, sobresaliente, notable y actualizado. Estas conclusiones alteraron el curso de su existencia. Desde entonces, dedicó su vida a estudiar y enseñar la Biblia.

Su programa radial diario: «Llaves para vivir con éxito», llega a más de la mitad del mundo y se traduce en árabe, castellano, chino, croata, malayo, mongol, ruso, samoano, y tongano. Es autor de más de cuarenta libros y más de quinientos casetes de audio y de ciento cincuenta videos y casetes de enseñanza, muchos de los cuales sehan traducido y publicado en más de sesenta idiomas.

Su don principal es explicar la Biblia y sus enseñanzas en un modo claro y sencillo. Su enfoque no denominacional y no sectario hace de sus lecciones un elemento eminente y de gran utilidad para personas de todos los antecedentes raciales y religiosos.